ちくま学芸文庫

日本人

柳田國男 編

筑摩書房

目次

用語校訂　藤森良信

日本人

一　日本人とは

人口の問題

本書でこんど取り上げる日本人という課題は、今日までただ漠然《ばくぜん》と使われていた日本人という概念よりは、より正確なものにしたいとわれわれは期待している。

今までの一般的な傾向を見ると、こういうものが日本人であるといって、もっとも理想的な型を作り出してみたり、あるいはごく少数の、しかもまれにしか起らなかったような人物の行動をもって日本人のすべてがそうであるかのように見なすとか、または逆に非常に劣悪なある状態をもって日本人の常の性と見なそうとしたりして、実は今までの概念の不正確さを利用して、むりにこじつけようとする風潮が、公の学者のあいだにかなり強かった。われわれはこの際できるだけ努力をして、どちらにもとらわれない真実の日本人、つまりその民族全体というものを考えてみたいと思う。

東洋には古くから大勢《たいせい》ということばが流行していて、一つの新しい傾向が芽ばえてくると、その価値を確かめもしないうちから遅れずについていこうとしてあせる気持があった。

この風潮はなかなか抜けがたいもので、おそらくは島国に住んで少なくとも二千年以上の長い歴史のうちにつちかわれた癖であろうから、国民はそれを承知の上で過去を考え、もしくは将来を計画するということがどうしても必要であった。ところがそういう中にも国の外部との交通が始まってくると、現に学問の側からも政治の側からも、共通しかつ同化しようとする傾向がかなり強く、したがってそれにたち遅れる者はいっそう不安になり、自分はこれに負けぬ気になって勉強しようという気持よりも、むしろ大勢の先端ばかりをさがして歩く気配が多くなった。そのために人々は、いちばんすぐれた者はどこを見ているのかということばかりを気にかけて、正確にそのもの自体の批判も分析も行われないうちに時相が次に移るというような、いわば低気圧に似た混乱が常に日本人の生活の中には漂っている。これをみずから学問しなければならない人々や、めいめいが修養の段階にある人々に決めさせようとすることは、もともとむりなのかもしれないが、少なくもこれから先、国を少しでも明るく、そして健全なものにしていくためには、この長い歴史の中に包含されている民族的な弱点を各人に意識させることからまず始めなければならない。もちろん国が安穏無事に、いつまでも長く平和な状態が続けば、この問題は決して急ぎはしないのであるが、不幸にして明るい予測ばかりが将来にあるともいいかねるために、どうしても今のうちに学問の仕方や、人間生活の方針や考え方を改めていかなければならない。まず考えないではおられないことは、人口の問題である。これはおそらく過去二千年の歴史の中でも、かなり重要な問題をふくんでいたのにもかかわらず、最近まであまり注意を払う人はなかった。明治初年の統計に表われた人口は、たしか、三千万人をわずかに上まわっておったものが、今はその三倍近くの人口に達したという現象になるまでには、かなりの社会的な変化がなければならない。良きにつけ悪しきにつけ、単なる臆断《おくだん》で結論を出すことはさし控えるが、筆者がいちばん深く考えていることは、生存する能力ということよりもむしろ産む力の増強ということをまず考えに入れなければならないと思っている。最近は人口問題は独立した一つの学問になってかなり細かく研究されているようだから、いずれははっきりとわかる時も来ようけれども、われわれの知る限りでは、明治よりもわずか以前までには大規模なききんがあり、地方には数えきれぬほど広い面積にわたって、少し人口が増加するともうすぐにそういう結果に見舞われるという時代がかなり長く続いた。それからまた飢餓に対する不安や悲しみをまぬかれようとするいくつかの信仰も手伝って、いっそう人をして消極に導き、人口の増加をおさえようとしていたのは事実である。藩と藩とのあいだの交流も意のようにならず、豊かに人間が生活できる場所に人をまくばることの不可能な時代には、人口の増加ということは、その国にとっても、またその隣国にとっても大きな脅威であった。なぜなら国と国、もしくは藩と藩とのあいだに行われる葛藤《かっとう》や闘争の原因が、いつも人口の過多に由来することが多かったのは、今も昔も変りはない現象であったからである。

かつて雪の深い北国では、自分らの最小限度の食物をさえ確保すれば、あとは無為無能な時を費して春を待つような、いわば非常に消極的な考え方が左右していた。それがおたがいのあいだの交易の自由や、生産技術や経営規模が近代化して、より以上の生産物が獲得できるようになり、これが都会地というものを大きくする一つの原因を作りあげている。したがって一般に栄養は良く、豊かになり、生活も昔と比べてずいぶん楽になったことは事実である。こうして人口が倍以上になったのも手柄だといってよいのであるが、しかし日本全体の将来の幸福ということから考えてみると、最近のような堕胎や嬰児《えいじ》を殺すような機械的な方法だけで、閉鎖されてどこにもいきようのない日本の人口増加を阻止しようとする傾向が進んでくると、これはまたこまった一つの現象であった。これは日本人というものの全体を問題にして進んでいく学問より以外のものに頼んでおったのでは、正確な解答は得られないのは明らかである。今までは少数の聡明《そうめい》な人だけに頼み、結論を大勢ということだけできめておった傾向が非常に強かった。たいていこういう人は実際を見たり経験したりする人ではなく、机上でものを書いてばかりいるような人たちが多く、こうならなければならぬという理論的な根拠だけで大勢というものを考えていた。したがってこの大勢論者というものは、過去のかなり長い期間にわたって若干の弊害を将来に残している。われわれはむしろこうした事実をつきとめて、原因と結果とを考えてみるほかに、この大勢論者というものを批判してみる必要があると思う。

戦後から今日までの一般的な傾向を見ると、少数のすぐれた人間の予想をそのまま信じて疑わないというような傾向が日ましに強くなって、しかもその大勢論者の論議の中心点というものが、日々刻々に動いているがために、それにつちかわれた人たちが目前のこと以外に考えようとしなくなったのは、ごくあたりまえのことであった。それは家というものの性質からいっても同じことで、自分の属する家をのみ庇護しておればこと足りるのだという考え方は、次第に今日の常識のようになってきている。もちろんこれは日本ばかりではなく、人口の多い国にいけばたいていどこも同じであろうが、しかし以前には他人の犠牲においておのれの安全を願うという傾向は比較的少なく、あるいは偽善かもしれないけれども、行政の衝に当っている者は、常に「民衆」ということを眼中に入れていた。すなわちみずから庶民と切り離された雲上人としてではなく、生活の苦楽は常に民とともにあったがために、民もまた安んじて国の政治をまかせて満足できたのである。しかしながらこういう現象にも限度があって、人口が増加し、群衆というものの中に争いの気分だけで集合する者が非常にふえてくると、大勢だけで物事を考えようとする弊害がいっそう濃厚になった。政治家にとっては、この大勢で物事を判断するほうが手取り早いために、利用というよりもむしろ愛用されるきらいが多いのであるが、したがってよく昔のたとえにも引かれるように、ひとりだけ竹やぶの中に隠れて、竹に綱をつないでひっぱって、やぶの中にさもおおぜいの伏兵がいるかのような戦法を用いたのと同じような傾向は、今の政治の上にもよく現われており、それがわれわれのような老人には特に苦々しく思われるのである。

筆者のこれに対する今日までの態度は、国に固有の特徴というもの、あるいはひとりひとりの能力にはそう簡単に失われない特質というものがあるかもしれないけれども、国全体の特徴や性格というもの、つまりことばをかえていえば日本人かたぎというもので、これにも時の流れとともにかなりの推移がある。たとえば歴史の上でも、足利時代の心持と鎌倉時代のそれとは、それぞれの時代差というものがあるように、近来ではそれがもっと顕著になってきている。特に人口の増加ということに対する不安、あるいは自分が急いでいかなければその位置すべき場所を失い、分配に参与することができないという懸念があった。ただ漠然《ばくぜん》として国民がこれだけ増加したということのために、人を押しのけてでも前に進んでいなければ、当然受けるべき恩恵も受けられないという焦燥にかられて生きているのが、戦後を通じて今日までの状態である。これらの隠れた原因は、ことに始末することのできぬ人口増加が、必要以上に人間に不安を与える結果になったのだと思う。

あるいはすでに気づいている人もいるかもしれぬが、南の島々では、内地に比べて天然資源がとぼしいにもかかわらず、人口は近年になって内地以上の勢いをもって増加している。そのために機会さえあれば、海を越えて出かせぎに出るのが非常に目立った。しかもこの島に残った若干の才智のすぐれたこざかしい者は、他県や外国の大きな資本家の手先になって、同じ島に住むゆかりのない人の利益はもちろん、油断すれば縁故の者までがその損害を受けかねない状態であった。交通が開けるに従って船会社が、次いで問屋業者がというふうに、次から次への新しい資本攻勢に当り、生産者たちはこの仲間の裏切りのためにかなりの辛苦をしている。実際に考えてみると沖縄《おきなわ》に限らず、大きな島である日本内地でも事情は同じである。他の力を利用してすぐれた地位を得ようということは明治の代に発達してきたのであるが、薩摩《さつま》の島津や豊後《ぶんご》の大友などの大名が、国内の対立を優位に保つためには、背後に外国との交通をもっていたほうが好都合であったのはその適切な例である。極端ないい方をすれば、身の安全を保つためには、外国に従属することもいとわないという植民地根性は、かなり強い力となって今日もなお指導者のあいだに共通しているのである。

こうしたもろもろの経験は、これから先も、日本人としてぜひ利用しなければならない重要なものであるために、したがって中途でこの結果を大勢論者にまかせておかないで、はたしてわれわれが想像しているような大きな結果があったかどうか、つまりこの思いがけない人口の増加というものは、国内の闘争を激しくするのみならず、ことによっては、昔から持っていた愛他心、すなわち見ず知らずの人間でも心を動かせば助け導いてやりたいという心持をそぐことになりはしないか、これはたいせつな目前の問題である。

社会と批判

話はあるいは重複するかもしれないが、めいめいがかってな生活をさえしておれば、人のことはかまっておられないということが、今日ではごく普通の常識になって、そして今はもう人の前をはばかることもなく、言っても少しも恥かしくない状態になっている。元来日本人の気持からいえば、縁もゆかりもない他の人間の挙動でも、ひまにまかせて静かに見ておって、批判する者が前は多かった。それゆえに世間の思惑《おもわく》がこわいから、親をいじめたくともそれができないとか、笑われるから夫婦《ふうふ》喧嘩《げんか》もさしひかえるとかいう考えがあって、人は肩あげのとれるころからおたがいに批評の対象になっていた。そしてその批評はいつも本人に面と向かってされるのではなく、本人の気づかぬ陰や背後でいわれることがいやなばかりに、自然に自分の行為にも節度を保ち続けてきたのである。もちろん干渉の強すぎる村落の生活を決して賛美するものではないが、要するにわれわれのあいだに起った批判というものの起りは、外部の人間が等しく関心を持ち、かつ外部の人間であるがため公平な判断を下すことができた。日本人は元来小さな社会の中にこうした外部の制裁に基いて自己を形成してきたのである。いわばこれは公衆道徳の一つの成長といえるのである。しかしこの公衆道徳たるやきわめて貧弱なもので、かげ口や批判というものが必ずしも常に正しいとばかりはきまっていなかったが、実は日本人はそういいながらも、考え方に時代的な差異こそあれ、なすべきことの善と悪との差別はちゃんと心得ていた。それが世の中が次第に改まり、かって気ままな生活をする者の障害もなくなって、異郷人ばかりが隣り合わせて住むようになると、世間の批判は希薄になり、いいたい者にはいわせておけ、おれは痛くもかゆくもないからと思い始めてくると、もう公衆道徳の新たに成長する望みはない。そのために前代人の美しい行状や忠孝の二字をさえ教えておけば、人間生活の倫理は保ち続けられるだろうと思いこんで、社会組織の相違した都会も村々も同一の学校教育で補おうとしたことが、後悔せられることになった。その理由のすべてをここで簡単に述べることはむつかしいが、戦後の社会思想の混乱を見ればひと目でわかるとおり、もし最初から人間生活と直接に結びついた基礎教育が備わってさえいたら、たとえ世の中が急に変ったとしても、そういつまでもこんな虚脱状態を続けることもなかったろう。この理由を深く考えず、少数の知識人や警察にだけ頼んでいたのでは、いつまでたっても世の中は明るくなる気づかいはないのである。これを正しく人に意識させるためには、いろいろ方法もあろうけれども、筆者はやはり歴史の学問が重要だと考えている。歴史というものは今までのように、年代や偉人の業績ばかりを覚えさせるのが目的ではなく、人間が形成する社会生活の中で、客観的に自分のなすべきことを悟り得、また素養と知識とをもって次の判断を正確にすることにある。こういうことは直ちに政治の上にも現われてくることは、今さらいうまでもないことである。そのもっとも極端な例はいつも繰り返して説く女性の政治意識の問題である。ことに農村では経営組織が合理化されていないところが多いため、常日ごろの労働が激しく、ゆっくり考えたり、物事を批判する正しい知識の基礎がとぼしく、選挙に当ってもっとも安全な方法として、主人のいうとおり投票するのが常であった。特に現在のように文化偏重の国では、地方で何か読もうとしても、その大部分は宣伝であるために、人はよく判断する機会を失いがちなのである。われわれが説く歴史的なものの見方の必要は、これこれの知識をもっていなければならぬというような根本的な人間の修養にもかなうけれども、それ以外にやはりよく生きる、あるいは正しい社会をつくるということの必要から来ているのである。最近よく使われる歴史哲学や史観というものもなんら変ったことはないはずなのに、近来になって、それぞれの人たちの判断の仕方や考え方まで固定させてしまうということが、少しずつ世間に流行して、これが次第に広がっていく傾向にあるようだが、本人の正確な批判力を養成していこうとするわれわれにとっては限りなく不満を感ぜられるものである。

それと伴って起ったもう一つの新たな風潮は、子供から成人するまでに覚えることばの順序というものは、どこの国でも同じであるが、日本ではあいにく明治になって、文語体の書物の中からそのまま取り入れたことばを使用して、聞く相手がよく理解できないか、あるいはまごつくことを予期して語ることによって、自己の権威を誇張したり、ある種の優越感をいだいたりすることが、有識階級に一般的に行われる傾向ができたことである。この現象は明治維新の後に限って現われた注意しなければならぬ日本だけの弱点で、白状すれば筆者なども書物ばかり読んでおった人間であるがゆえに、語る相手も書物の読めるような者、もしくは字義をわきまえた人でさえあればよいといったような、非常に限られた心持でおったのであったが、しかしこれがごく平凡な、教育も満足に受けられなかった遠い小島や、草深いいなかに住んでいる人たちと交渉をもつようになってくると、もうこのままでは押し通せないことを知らされてきた。こういうことも影響してか、日本人は非常に漠然《ばくぜん》とした概念をそのままうのみにして、早合点する傾向があることをわれわれは経験している。手近い話では義理ということばがそうである。今ではもう、いやだけれども仕方がないからやるのだということが当世の人の考えている概念なのだが、本来は義理というのは人間としてかくあらねばならぬという意味で、その二つのあいだには非常なへだたりがあるにもかかわらず、その差を飛び越えて早合点してしまう弊害は、義理に限らず、今われわれが明けても暮れても使っている文化とか社会ということばがみなその類に属するのである。このような抽象的なことばはことに新聞がまずその傾向を助長した。それより手近にいちばんよく耳に響き手取り早くわかるのは選挙演説である。そのいずれも、相手が正確に理解するかどうかということを少しも予期しないで、むりに押しつけるという傾向が強く、よくえらそうな口をきくというが、難解なことばで相手を煙《けむ》に巻けば、もうそれだけで凡俗な人たちはたちまち魅了されてしまう、いわばことばや文字の押売りである。これは同じ高さの上で向かい合って話し合っているというのではなく、一方はよほど押《おし》の強い人でも、絶えずひとり合点してかってな解釈をして、それについていくために静かに考え判断する余裕がなく、そこに理解と判断とのあいだに非常な距離ができてしまったのである。すなわちことばのみを豊かにしても国が少しも明るくならない原因である。

もちろんそのすべての者を非難するのでは決してないが、それらの中にいくばくかのやや優秀な文字に親しむ者とか、感覚の多少鋭い人とかが、大づかみでもって常にこうでもあろうかと解釈するような人たちを相手にして、最近流行のマス・コミュニケーションというような形で進んでいってよいものかどうかを、筆者は危ぶまないではおられない。したがってそういうことをもっともまじめに憂えている人たちに対してすらも、なお非難せずにはおられないことは、彼らは外国人の書いた正確な論議をそのまま日本に当てはめようとすることで、それが筆者には大きな失敗のような気がしてならないのである。

日本では島国でなければ起らない現象がいくつかあった。いつでもあの人たちにまかせておけば、われわれのために悪いようなことはしてくれないだろうということから出発して、それとなく世の中の大勢をながめておって、皆が進む方向についていきさえすれば安全だという考え方が非常に強かった。いってみれば、魚や渡り鳥のように、群れに従う性質の非常に強い国なのである。そのために相手が理解しようがすまいがむとんじゃくに、自分の偉大さを誇示するために難解なことばをもって、ややすぐれた者が、ややすぐれない者を率いる形になっておったのでは、真の民主政治がいつまでたってもできる気づかいはないのである。せめてわれわれの仲間だけは一つ一つについて、より具体的にマス・コミュニケーションというものの長所と弱点を、真剣に考えてみなければならない。こういうことこそ、無識であった世の多くの人たちを、というよりも文字にあまり縁のなかった人々を対象にして、今日までの変遷を知ろうとする民俗学をやる諸君が、真先に考えねばならぬ大切な問題だと考える。

二　伝承の見方・考え方

歴史教育のあやまり

日本人の欠陥の一つとして、自己に対する歴史的自覚のとぼしいことをあげることができよう。戦争中、国史教育はあれほど強調されていたにもかかわらず、そのほとんどが主観的、感傷的の度がすぎて、科学的根拠がとぼしいものであった。敗戦後そうした点は指摘されていくらか改められかけてはいるが、まだまだ地についてはいない。自国に対して思い切った誇りと、思い切った卑下と、この両極端が併在しているようである。かつての日本軍隊が、いかにも誇りゆたかに見えながらも敗戦当時ははなはだしくみじめな退廃を露呈してしまったように、日本歴史についてのいかにも尊厳に満ちた説き方と、それと全く相反する自卑的な説き方とが、近年の日本人の知識をはなはだ矛盾に満ちたものにしているのである。今日ほど歴史を通じての日本人の自己反省が必要な時はないのである。

数年前、アメリカの人類学者ルース・ベネディクトの『菊と刀』に対して日本の学者の幾人かが批判を加えたことがあった。ベネディクトは一度も日本に来たことがないにもかかわらず、文学や映画や自叙伝をつかって日本の普通人の生活にかなりの洞察《どうさつ》を示している点、多くの知識人にとっては人類学的方法なるものがなかなか魅力あるものとして映じて、良い印象を残したのであったが、この書への批判としてある知名の学者が根本的に異議を唱え、ベネディクトは明治中期以前の生活しか見ておらず、それ以後現代にいたる日本人の実体になんら触れるところがない。たとえば、ベネディクトは日本の女性が親のいうままに嫁入りさせられ、婚家では舅《しゅうと》姑《しゅうとめ》の監視のもとに従順な生活をしいられているといっているが、自分の経験するところでは全くちがう。見わたすところ明治の末期ごろ、すでにたいていの青年男子は自己の好むところに従って職業を選び、配偶者を選択した。もし親のいうままに結婚すれば、それはまさに古風な生活におかれた者として同情された。嫁がしゅうとめに抑圧されたというのも誤りで、むしろ圧迫されたのはしゅうとめのほうである、うんぬんと述べたのである。

この批判はかなりに興味あるものを含んでいるにかかわらず、それ以後あまり発展しなかった。これらのことについて関心をもつ者は、ベネディクトにもかなりの誤解があると思いながら、さりとてこの批判者のようにはっきりと全面的否定をすることが妥当であるかどうかについて、かなり去就に迷いつつ、結局のところありのままの状況が今まで学問上に取り扱われたことがないのに思い当って、この問題を解決することはひとまずあきらめるという態度におしやられたのであった。

日本人が読み習った歴史が、こうした重要な問題について全く触れるところがないのは大きな欠陥であった。ふつうに、政治と戦争との歴史だけが教育されたと考えられているが、政治の歴史も根本的に扱おうと思えば、日本人の権力に対する態度や考え方が十分に考慮されてなければならぬが、およそ表面的なことだけしか記述されてなかった。だいたいにおいて人物伝記に偏したといってよいが、人物をその周囲の社会的環境条件から明らかにする努力はいっこうにしてなかった。もし人々の生活を総合的に見ようとするならば、婚姻・育児・相続・葬送などの慣習やその基礎である倫理的観念がどのように時代とともにかわってきたかを重要なテーマとして取り上げねばならないはずである。政治上に活躍し、多くの制度や思想にも影響を及ぼした顕著な人物についてもこうした点からの考察がなされなければ、その権力の構造、影響の内容いかんについてもはっきり知ることはできないはずである。日本人はたしかに歴史によってあまりにもわずかのことしか学びとらず、したがって自己についての歴史的省察の材料をきわめて貧弱にしかもたなかったというべきであろう。

ヨーロッパの国々あたりでは、自国に対する客観的な考察は、もっと進んでいるようである。歴史教育の内容が日本に比べてずっと国際的であり、多方面にわたったものであるらしい。誤った愛国心によって子供たちを不幸におとしいれるおそれが絶対にないとはいえないのであるが、それでもヨーロッパの全地域に共通する諸条件についての、いわば人類科学的考察が伴っているために、孤立したものとして自国の歴史を教える危険がいちじるしく少ないのである。

日本とヨーロッパとをいきなり比較することは妥当でないかもしれない。ヨーロッパでは諸国家がたがいに相関連する生活を歩み進んできたのであり、日本は海上の島国として外国との交渉に恵まれなかったのであるから。かつまたヨーロッパでは学校教育も科学的思考も長い伝統の上にゆうゆうとつちかわれて来たものであるのに対して、日本のはいかにも速成であって、とうてい同日に論じられない弱点をもつことも明らかである。しかしながら日本がこれから果さねばならない使命は決して単なる過去のそのままの延長ではないのであり、現在の世界の状態を真剣に考えれば考えるほど日本人が総体としてなすべき任務は大きくかつ新しい性格のものであるように感じられる。すなわち、ヨーロッパでいかに伝統があるといっても、その世界的視野は、どちらかというとヨーロッパ本位にとどまる傾向があり、なかなかアジア人種その他をふくめた全人類的のものにはならない以上、人類科学を真に生かす道はむしろ新しい使命としてヨーロッパ以外の国々にも相当な程度に期待されるからであり、見方によってはそれこそ日本にとってもっともふさわしい使命だということになるからである。

ヨーロッパでは歴史教育をするに当って政治史、制度史に限ることなく、縦横に各種の資料を採用して、多面的な観察をしているようである。衣食住の歴史、婚姻や相続の方法の歴史、年中行事の歴史等々を政治経済史と織り合わして語ることは珍しくないらしい。日本人が自己への省察をほんものにするためには、今後ぜひともこれらの方面に向かって思い切った努力をせねばならないと思う。

日本に来た外国人は、概して日本の物質的発展を礼賛したようであるが、中にははなはだ手きびしい批評をした人も少しはいる。そのうちでもパーシヴァル・ローウェルというアメリカの天文学者などは実に鋭い観察をした。その結果は一八八八年（明治二一）の『極東の魂』なる著書に示されている。彼はいう、日本は西洋文化を採用しても、部分的に「接木《つぎき》」しただけで、いわば子供の心のままで急におとなになったようなものである。いかに文化が高揚するように見えたところで、日本をはじめアジアの国々にある「非人格性」が文化の内面的な充実をじゃまするのである。この非人格性は、日本人一般の家族的に制約された生活にあらわれている。日本人は何びとでも正月を迎えた時一様に一歳を加える。誕生日よりも三月三日と五月五日をまつる。結婚には父の決定に従い死後は祖先の仲間にはいる。社会の単位は個人ではなく家族であり、国家全体が一大家族である。家があって個人がない。したがって個性の尊さを知らぬ日本人は、非人格性のままでとどまっているのである。こうした民族は、模倣によって、いったんは西洋文化に慣れるかもしれず、それによって国力の発展をきたすかもしれないが、結局は没落の運命をたどることになる。日本人がこのような非人格性のままにとどまる限り、没落のみが彼らを待ちうけている、うんぬん。

ローウェルのこうした観察はもとより浅薄で、その批評も大胆に過ぎるようであるし、彼が進化論の思想にいちじるしく支配されているために、世界史を直線的、一面的に把握《はあく》してなんの反省もないという欠陥も露呈されているようである。しかしながら一方、彼が大都市ばかりを見ずに、日本の周辺地域を旅行してつぶさに民情を観察した期間のあったことを考えると、むやみにしりぞけてしまうわけにもいかない。彼ははなはだ素朴な理論しかもたなかったのだが、よく内側を観察するというよい習慣と方法とをもっていたわけである。これは彼の教養の基礎に人類学的な方面が参加していたためではなかろうか。当時は人類学という学問も確立してはいなかったろうが、それに似た一種の研究法が彼にとって尊ぶべきものとされていたのであろう。

日本人の知識階級にはこうした着眼点がいちじるしく欠けている。彼らの教養はごく表面的なもので、生活の内実にじっくりと目を向ける習慣は養われていない。それが日本の歴史知識やその教育に、はなはだしく外面的な性格を帯びさせた大きな原因である。われわれはまずこうした歴史教育の誤りと歴史的な自覚の不足を痛烈に反省しなければならない。

貴重な民俗資料

日本人は、かつて多くの外国人がほめちぎったようにとてもすぐれた素質をもつ国民なのであるか、はたまた、少数の教養ある外国人が根深く心にいだいたように人格や個性の確立せぬ表面的な生活に終始している貧弱な国民なのであるか。これら両極端の観察に対してはいったい、なんと応答することができるのであるか。

歴史的な自覚がとぼしいからこそ、われわれはこのはげしいディレンマに悩むのであるが、それでもこれを切り抜けうる道は存在する。それは日本人の生活の根底にあるもの、「日本人のこころ」というべきもの、心性とか根性《こんじょう》といってもよいであろうが、そうしたものに科学的に到達することである。民俗学はこの点でもっとも適当な道である。民俗学が非常に新しい学問であるために、とかくの論議は尽きず、いまだにこれが独立した学問でないかのように思っている人もあるようであるが、日本人の歴史的自覚について多少なりとも関心をもつ人ならば当然にその必要性や意義を了解しうる学問である。

日本には非常に民俗資料が多い。もちろんそれは日本が文化のおくれた国であるから当然のことだと思う人もあろうが、その場合文化が西洋文化万能を意味するならば全く単純なことで、前にあげたアメリカの天文学者の観察方法とすこぶる似てくるのをどうすることもできないであろう。その場合彼は外国人であったのに対して、われわれが日本人であるからその日本人としての同胞愛、愛国心に基いて文化批判をすればよいわけであるが、西洋文化万能の立場に立てば、模倣をすることがどうしても最大の急務となってしまい、どんなに愛国心があっても、それは文化的に自主性のない感情で、真に日本を自覚する道とはならないであろう。全く従来の知識的指導者の犯したあやまりと同じことを繰り返すだけである。われわれは、日本に民俗資料の多いことをもって、単におくれた国の悲哀として扱わず、これを世界における日本人の使命の一つのあらわれとして見るのである。これはおそらく単純な愛国心ではなく、科学を媒介とする自覚的な愛国心に基くのであろうと思う。

このように資料の豊富な日本は、民俗学に従事してその目的を達するのにはなはだよい環境であるということになる。民俗学は年若いために世間の評価は現在必ずしも高いものではなかろうが、その使命はすこぶる大きく、やがてはすべての人に関心をもたれるであろうと思う。現在ある誤解の一つは土俗（風俗）探訪趣味との混同である。日本に変った風俗が多いということがいわれ出して、興味本位にそれを探訪することがつづいた。現在でもそうした気分は残っていて、この学問の成長を妨げること多大である。まじめな人の関心を遠ざけ、学問意欲を失わせるこの悪習慣は学問の本質についての誤解に始まっているのである。道楽的、物ずき的な仕事をもって、自覚のある学問作業と対等においているのである。われわれは民俗資料を断片的に拾いあつめることでは決して満足しない。資料はあくまでも民俗学の目的に従って分類され整理されねばならない。その到達目標は日本人の根性の発見にあるのである。

この根性なるものは民族性といってもよいのだが、むしろ民族文化の基本的傾向というべきものである。この場合、文化に表層文化と基層文化との二つの層を区別すると事柄がはっきりしてくる。基層文化こそが、われわれの問いただす対象である。民族学（エスノロジー）という学問は諸民族の文化を比較研究する学問であるが、そこでも各民族の根底的な心性（エトノス）を見いだすことが目標であるといわれている。われわれの仕事といちじるしく似ている感がある。しかしながら日本の民俗学はどこまでも日本人としての反省自覚の要求を前提としている。その正しい発展をはかる尺度はそこにある。したがって文化の比較の基準を民族を越えたものにおく民族学とは一応態度と方法とを異にするということができる。しかし、かなり似た学問であることは否定できぬ。いまのところ日本人の反省のために、民族学よりは民俗学のほうが直接必要であることをいうにとどめる。

また、日本人の生活を明らかにするためにはもとより史学がある。史学は人間の記録とともに古い学問であるに違いないが、その生命とするところは書きしるされた記録文書であって、それ以外のものを副次的にしか扱わないのが実情である。その記録は、きわめて政治権力との関係の深いもので、権力のしもべとしての地位をなかなかに脱し得なかった。多くの立場を異にする記録文書を比較対照して、客観的な判断の根拠を見いだすという近代歴史学の建設はしたがってごく新しいことであった。かつまたそうした作業が可能であるのは、さまざまの政治的地位の者が文筆の能力をもっていたということの上におかれている。したがって日本のように文筆の能力がごく最近まで非常に限られた一部の人にだけあった（だからといって文化が未開であったことにはならぬ）国ではこれはもともとむりな作業だということになる。しかも文筆にしるされるのは大部分が異常な出来事であって、日常性の濃いものはほとんど書きしるされていない。書きしるす必要がないと思われていたのである。

こうした制限のある史学で、民族の生活の歴史の全容がわかるなどとはとてもいえないことになろう。そこで多くの人は、懐疑論や不可知論におちいってしまい、歴史の全容を見きわめるのを断念する気持を起すのである。しかしながら史学のそうした制限を越えた部面が、民俗学として展開する。もちろん、民俗学では記録によって個々の事件の年月日を探求することはさほど必要でなく、日常的だとして記録されない傾きのあった事実を確かめることを本意とするのであるから、その研究の成果も史学とはかなり様相の異なるものとなる。しかし、史学に劣らず必要性の高いものであることは当然であろう。こういってくれれば、多くの人はすぐ気づくであろうが、民俗学もまた広義の史学の一分野なりということはできないかという問題になる。あるいはそういうことも可能であろう。史料を文献に限るのは妥当ではなく、文献史料や民俗史料（遺習史料、伝承史料といってもよい）や遺物史料をすべて対象とした広範な史学というものを考えることができるからである。しかし今のところは史学の実情は遺憾ながらそうでない。ただ史学の理想としてはそうあるべきだという点では多くの人が一致するであろう。

民間伝承の範囲

さて、民俗資料を正しくいえば民間伝承である。かつて民俗学の語が用いられる以前に、民間伝承論といった時期もある。民間伝承は常民のあいだの伝承であることを要件とするが、略してただ伝承ということもある。常民とは下層民とか庶民とかいうのとは異なり、日常的基層的な文化を保持している人々をいうのだが、日本のような国では貴族といえども常民性を豊かに保持したし、一国の文化が全般的にかなり進んでいるから、単なる低位の生活文化のみが一般民衆を支配したということもできない。日本こそ、民間伝承が豊富であることと平行して、常民性の発露をいたるところに見いだしうる国である。このことは日本文化の性格を考える際にきわめて重要な手がかりとなる。

そこで民間伝承の範囲を考えてみると、次のような分野を含んでいることに気がつく。

一、衣食住の方面

二、生産技術、交換の手段など

三、家族とか村落との集団生活の営み方

四、生れおちてから死ぬまでの人の一生のあいだに経過する儀礼慣行の方面
五、年中行事と祭など
六、語り物・口碑伝説・民謡の類
七、まじない・忌み・霊魂観・来世観など

そのほかまだまだあるであろうが、これらさまざまの方面の伝承が、もちろん中にはほんとうに過去のものとなってしまったものも多いが、だいたいにおいてわれわれの民族文化の基盤をなしていることを認めることができよう。これを優れた美術工芸や学問や教理の体系と比較してどちらの価値が高いか低いかと問うのは、実はあまり意味のないことであって、日本の常民生活の内部に脈々として流れてきたこの基層文化の諸分野を考慮せずして日本文化の本質について語ることは妥当ではない。

民間伝承の範囲をはっきり決めるために、和歌森太郎著『日本民俗学』では次のように分類している。

一、基本的伝承……住・衣・食
二、取財的伝承……産業・労働・交通など
三、社会存在的伝承……村構成・家構成・組連合・年齢階級

四、社会形成的伝承……誕生・成年・婚姻・葬制
五、知識的文化伝承……命名・言葉・しつけ・伝説・医療など
六、厚生的文化伝承……年中行事・昔話・語り物・民謡・舞踊・競技など
七、倫理的文化伝承……社交・贈答・制裁など
八、信仰伝承……祭・兆（前知らせ）・占い・忌み・まじない・妖怪《ようかい》など

一般には次の三部門に分けることが行われている。

第一部は、生活外形、目の採集、旅人の採集と名づけてもよいもの。これを生活技術誌というもよい。在来のいわゆる土俗誌は主としてこれに限られた。一方英、仏、独などの国内の民間伝承研究は従来ここには及んでいかなかった。

第二部は、生活解説、耳を目とともに活発に働かせて採集するもの。言語の知識を通じて学びうべきもの。これは土俗誌と民間伝承論との「境の市場」であった。

第三部は、もっとも中心的なもので、生活意識ともいうべきもので、目、耳にとどまらず心で採集せねばならぬ。旅人でも寄寓者《きぐうしゃ》でもなく、同郷人だけに採集可能なものである。第一部、第二部を通じてその土地への理解があれば、少しは離れた所に住む人にもできるが、日本国内のこの分野の採集はまず日本人でなければ不可能と思われる。郷土研究または地方研究といわれるものが真価を発揮するのは実はこの方面なのであるが、民俗学が成

立なお日浅く、その方法が熟知されていないために、現実の郷土研究にはこの点を目ざすものがいたって少ない。(以上、主として柳田国男『民間伝承論』による。)

この三部門の分類法は、ヨーロッパの民俗学者の採用する分類法(バーン・サンティーヴなど)とよく似ているが、だいたいにおいて、西洋の民俗学はその発生の時から言語伝承に主力をおく傾向が多く、それも前代の残留という点に大きな興味がつながれていた。すなわち産業革命と称せられる経済生活上の大変化を短期間に経過したこれらの国々では、第一部や第三部を組織的に採集することが困難なために、そうした努力がおくれてしまい、第二部にだけ研究意欲を引かれていったらしい。今でも一部の西洋人は、民間伝承(フォークロア)といえば口承文芸や歌謡のことだと思っている。

われわれの国では、これら全分野にわたってきわめて豊富な伝承を保持している。前代からの残留というのにはあまりにも切実すぎる。人によってはこれらの伝承を因襲として一挙に絶滅しようと考えるくらいであるが、その革新への意欲はすこぶる尊いものながら、自己のたつ地盤そのものへの深い分析が欠けているうらみがある。歴史的自覚が真剣に求められているならば、必ず基盤への反省がなされるはずである。日本の歴史学の研究方向は昨今ようやく過去の卑屈さと非科学性とを脱しつつあるが、この点を考慮するものがまだまだ少ないのは残念なことである。

日本人が伝承を保持してきたということは、伝承を守る力が日本人のあいだに働いていたことを示す。伝承が日本人をやしない育ててきたことは非常なものである。伝承には一種の統制力が働いていて、それが人々をして伝承に従わせることになったとさえいえるほどである。もちろん伝承の内容は長い時間のあいだにはげしく変化し、ものによってはきわめて短い期間のあいだに隆替転変するのであるが、それでもその中核に品をかえ形をかえて働き出すある種の力を否定することができない。それが日本人の根性《こんじょう》といわれるものに、密接な関係をもっていることは明らかである。したがって、この変貌《へんぼう》を繰り返す千波《せんぱ》万波《ばんぱ》の底に流れている伝承の本流をさぐらねばならない。俗に旧弊、迷信などとばかにされているもののなかに、いちじるしく根深いもののあることを知った人は驚嘆を禁じ得ないのである。

無言の教育がそこに行われていたということもできるだろう。学校教育は日本では八十年の歴史をすでにもっているはずであるが、その実質はいったいどんなものであろうか。明治政府は非常に熱心に近代的な教育制度をしいて、その成績も着々見るべきものがあった。その異常な発展と称せられるものについて、指導者層の能力の優秀さ、または日本国民の優秀さに帰する者さえあった。しかしよく考えてみると、「制度」の優秀を誇ることはでき、また制度が国民のあいだに受け入れられ、それへの認識や尊重の態度が普及していったことは認めるとしても、それはあくまで形式の問題で、教育の実質の問題ではない。たとえば明治、大正にわたって愛国心がよく教育されてそのおかげで国民のあいだに愛国心が浸透したと人はいう。しかし真に内面的情操としての愛国心がはたして明治、大正の学校教育によってつちかわれていったと断定してよいのであろうか。もしそれが事実なら先ごろの大戦争の開始のころから敗戦にいたるあのような思想的《しそうてき》混乱は生じなくてすんだはずである。もちろん明治以前にほとんど見られなかった国家意識が、近代国家的な制度や政府の成立とともに、国民のあいだに生じてきたことは認めねばならない。しかしそれが、一般に望まれているような豊かな情操としての愛国心、個人の責任感や使命感の根底としての役をになうほどの内面的な愛国心にまで高まるためには、よほど根気のよい相互啓発が積みかさねられていなければならないはずである。ところが、日本の場合はたかだか政治力や制度や生産規模などについての自信、それを支持する戦勝の経験と排外意識くらいが、愛国心の実体になっていた傾向がある。これらのものを愛国心と称して、児童たちに吹き込むことは、宣伝的風潮のうしろだてさえあればあるいは容易なことでもあったろう。明治、大正に養われた愛国心の教育がそのようなものであったといって、たれが否定しうるであろうか。ことに教育の本質は制度にあらず人にあり、といわれるが、当時の政府は教育者の地位の向上についてはあまり関心をもたなかった。もっともそうしたことまで考えるほど、思想上の余裕はなかったのだともいえようが、ものすごいほどの画一主義的な養成法の下に育てられた教育者が次々と供給されたのであって、ことに小学校の教師たちの職業意識は、軍隊における将校のそれよりも、下士官のそれに近かったといわれている。下士官がある意味で実質的に軍隊の魂を形成したと同様に、学校教育の魂をこれらの人々が形成したといってもよいであろうが、その教育の内容が、はなはだしく偏したものとなったことは否定できない。内面的な情操の教育は児童の生活環境としての地域社会や、親たちにゆだねられていて、いわば伝統による社会教育の中に彼らは人となったということができる。教師たちはあまりにも画一主義的に養成されたので、これら児童の生活の背景である地域社会の文化、いわば基層的な常民文化に対して発言し交渉をもつことは不可能であったし、またその気力もなかった。しかも形式的な学校教育によって傷つけられるほどには、常民文化は弱体ではなかったのである。

もちろん常民文化のがわでも、日本の社会一般の変化の影響をうけて、少しずつ変貌した。たとえば、盆踊がどれだけ村人の集団的興奮の重要な機会であったとしても、警察署から悪風習なりとして抑圧されれば、ある程度はそうしたいわゆる改良主義的な文化政策にも関心や理解をもち、村の風俗をあらためていこうとする人々もでてくる。学校教育を受けた人の中からとくにそういう方向をとるものが多く出たことはたしかである。しかし、村人の情操を真に満足させるようなものを作り出すことは容易なことではない。そこに郷土文化の建設のむずかしさがある。安易な模倣や、都会趣味の輸入ですまそうとするならば、そうした新しい文化がたちまちにして衰え去り、結局流行を追うただけのことになりおわるという現実をどうしようもないのである。したがってこのような改良家の努力だけでは、学校教育と地域社会との内面的な歩みよりはなかなかできなかったのである。

伝承が日本人を育てあげてき、場合によってはかなり強く拘束しているという事実は、新しい目をもって見直す必要がある。日本人の自覚の根本にふれる問題である。「村八分」のような現象は急速に減少してきているといわれるが、そうしたはげしい現われ方をせずとも、暗黙のうちに権威を示すことは、いまだにいたる所の共同体生活の内部に行われている。

ここに共同体というのも、もとより封鎖的な集団とは限らないのではあるが、ともかく全国各地の村落を主とした伝統的なさまざまの形態の集団が、それぞれ豊富な内部的慣行を有している状態はまさに壮観である。そうしてその起原や盛衰についての語りぐさは、数多く行われている。ことにいちじるしいのは村や旧家についてのそれである。東北地方にはザシキワラシという、妖怪に似た小童《こわらわ》の出没した話をもち伝えた旧家の例がしばしばある。これは家の守護神についての信仰が変形して残ったものであるが、ともかく小童の形で伝えたところに、水の神（海神）から送られてきた異常能力の幼児という原型は垣間《かいま》見《み》られるのである。旧家といわれるものも経済上の変動により必ずしも数百年不動の地位を占めてきたものではないが、こうした素朴な伝承がその家の富と古さとを語るものとしてこれまで人々に尊敬や承認をかちうる傾向のあったことははなはだ興味深い。

しかも一方では、こうした旧家の権威がそのままにどこまでも推し及ぼされることは避けられ、たとえば、青森県五戸《ごのへ》付近で、「オボスナの斗《と》掻棒《かきぼう》」という語があるように、村の守護神たる産土神《うぶすながみ》が、村の各戸の資力を平均化させる働きをもつことが信じられている。村祭のみこしが時としてははげしくあばれるのもそれと共通した事情においてであり、いかに村落が共同体としての伝統を濃厚に保持しているかを示すものである。

家族的統制は近年とみにゆるみつつあるようであるが、親方子方の結びつきは依然各方面で威力を保っており、それが時には家族的倫理への要求を伴うことさえ見られる。伝承が規制力をもつといっても、社会の表面に目だってあらわれないことのほうが多い。民間伝承を研究材料としている民俗学が国民にとっての内省の学だといわれるのもその点からである。

三　家の観念

法律と経験

いま民法改正の問題にからんで、家族制度の復活がとりざたせられているのであるが、わたくしどもが常日ごろ考えて疑わずにおれないことは、法律が一つ変れば、長い習慣に育てられた世の中の姿も一挙に改まるかということで、単なる両院の決議によって、すぐに一国の制度を改めうると思うのは、少なくとも、長い時代の経験に生きてきた者のとるべき態度ではなかった。それを廃止するにしても、また大改正するにしても、まずもってわれわれの経験を再吟味する必要があった。そういう過去の行きがかりに対して、今まで反省せられたことがあるかどうか、少なくともはなはだ大ざっぱで、また冷淡であったために、過去のことを説くにも、今までの歴史は非常にかたより、かつ簡単であり、せっかくの貴重な経験を経てきておりながらも、それを有意義に利用することができないままに時代は次々に進み、忘れ去られていくというきらいは多かった。特にこんどの如き大事件のあった前後の事情、もしくは大事件そのもの、あるいはその事件に関与したわずかな人々の自伝とか、生活とかというものを集めて書かれたものが、現在までの歴史であり、かつ世の中の欠点でもあった。すなわちそれをもちきたったところの、名もない一般庶民の行為の価値というものについては、実は今日の文献史学の研究では反省の道がなかったし、また顧みられてもいないのである。われわれが民俗学を名づけて反省の学問ということを力を入れるのはそのためであって、歴史的な考察なしに時の世論だけに基いて、しかも制度が浮草のように漂い変っていくものであったら、悪くなる場合のみ多くして、よくなる機会などは望みも得ないであろう。

家の問題について改めて考えてみると、法律というものは、必要に迫られた時の問題を解決する時の基準になるだけであって、それが多数の、平和に過ごしており、また一度も法律のやっかいになったことのない人々の生き方をも指導しうるものではないということをわれわれは知っている。ことに家族主義、個人主義の対立のごときは、わたくしどもから考えると、そんなことがありうるかと思われるくらい奇抜な問題で、いかなる家族主義の下においても個人は個人なりのことを考えてきているのであり、またわれわれのような比較的自由な生活をしている者であっても、しばしばもっとも小さい群れの生活に戻らなければならぬような場合が多く、ひとりひとりの人間が寄り集まって作った会社のような社会であってすらも、なおいつとはなくおのずから小さな群れという約束ができあがってくるのである。それを新聞などで伝え聞くと、法律を改正しさえすれば、制度はすなわち変化するもののように見えている。法律学者にだけまかせておけば、国の生活はよくも悪くもなるという考え方が強いのは、少なくとも過去の経験をもたない、またもっていても、それを取り出して反省してみる心がけのない社会の人についてのみいえることである。時の経過に従って古くなればなるほど、切実な問題もその価値を失い、重要性は日とともに薄らぎ、大づかみに自分だけで速断する機会が多くなるために、それを前提にして出発するような論議ばかりが強く、これがわれわれをして新たにもう一段と大きく、反省してみる学問の必要を痛感させられる原因ともなったのである。

かつて戦争の終ったばかりのある日、有名な左翼の人の来訪を受けた時、そのころからもっとも問題の多かった家の話を取り上げた中に、いかように利口な人間であっても、幾人かの群れの生活を必要としなければ、暮せない時期がありはしないか、たとえば、親をなくした子の場合、もしくは子を失った親の場合というような、ヘルプレスと英語で呼ぶ寂しい状態、あるいは人の助け合いを必要とする場合に直面した時、いったいどうすればよいのだと尋ねたことがあった。なあにそれには完全なる孤児院、完全なる養老院ができて、それで皆が独立独歩してさしつかえないのだということを筆者に対して答えたのであったが、考えてみるとそれから十年、月日ばかりが早くたって、社会の進歩は依然としておそく、今もってその日本のどこにも完全に近い孤児院、養老院がないばかりか、貧しくして弱い者は、社会からなげやりにされて顧みられず、結核になる人間の数は、そのために用意せられたベッドの数よりも数十倍するという有様で、入用なだけの保護が社会から与えられるということが望めない今の状態で、新しい意味での家の改革や個人主義を促進していくだけの条件が備わっているかどうかを、特にその道に携わる人たちに、まず問うてみたいと思う。やがて社会が進みさえすれば、もうほんのしばらくのあいだがまんしさえすれば、社会がそれを保護してくれるだろうからといって、先を楽しみにしておくのはけっこうだけれども、どう考えてみても今のような状態で、明るい希望を将来に託するのはむつかしい。このままの有様で現在の家族制度を無用視するような論議を容認してよいかどうか、われわれはもっと真剣に、そして冷静な目で、もう一度批判しなければならぬ立場に今おかれているのである。

世間と学問

元来家というものの意義が、単に集まっているという以上に、日本ではもう一つの任務があった。それも百年前ごろから、世の変遷とともに意識は薄れつつあるが、つまり善悪の基準ともなるべき古くからの慣行で、これがかなり強く家に要求されておったのが、近年になっていちじるしく衰えてしまった。この経過について一応正しく理解しておくことは、これから先の問題を決めていくための一つの予備条件になるのである。かりに右から左に急激に変化し得られる事態があったとしても、なお世間はこの知識を必要とするだろう。なぜなら知識は正しい判断の基礎になるのであるから。ましてやおおぜいの人間の合同作業によって、徐々に改良していくものをなんらの予備知識なしに決定してしまうということは、それ自体問題を混乱に導くだけである。今までの教育がちっともこのようなことを考えずに、ただ世の中の情勢をさえ教えておけば、人間の行為なり考え方がぴったり変りうるものと考えていたところに、一つの大いなる国民的な悲しみがあった。新しい何かの現象が流行すれば、なんの判断もなくすぐに利用しようとしていた。いってみれば民俗学に対する世間の好奇心のようなものもそれであった。が、ただ切れ切れのおもしろそうな事実とか、珍しい物品とかいうものばかりに走りたがる傾向を、常にわれわれがおさえようとしていたのは、簡単なことばでいってみれば、それ以外にもっと重要な、しなければならぬことがあるということであり、かつわれわれが今まで知っていたということは、それは実に微小な片端で、意識した改良をしていくために、おおぜいの正しい判断が自然に合致できるように、おたがいが小さな努力を積み重ね、繰り広げていきたいという念願からでもあった。

学問は、すぐ世の中の役にたつものではないということをよく哲学者は口にするのであるが、しかしながらいくつかの需要がここにあれば、少なくもいちばん目前のもっとも痛切な要求に答えうることを、まずもって学びとらなければならない。そういった意味で、民俗学が今日までに成し遂げたことというのは、実をいえば、人に誇るに足るほどの仕事ある伝統として、自他ともに認められていた。ところが知らぬまにそういう自負心と意識はえてやろうというのが、ほとんどいつの時代にも共通した東洋の学者のもっとも特徴のあはなく、周囲の学ぼうとしてできない境涯の人々のために、代って知っていよう代って考ものが今は少し変ってきて、以前には自分ひとりが自分のためばかりに学問にはげむので歩みが横道にそれることのないように深い注意を払ってきた。日本の学者の心構えというよりも、ひとりのまじめな意見が勝っていたという時代がかなり長く続いて、社会全体のて、各人がかって気ままな生活をして生きているのであるが、かつては三人の自由な批評自制心と慎重さがかなり強く働いていた。今では、その陰の力が非常に弱くなってしまっからとか、人の批判がこわいからということのために、たとえそのかりそめの行為にも、暗く不安になってきている。以前はわずかな功利的行為でも、たまたま世間が承知しない伝ってか、戦後十年間というものはほとんど足踏みの状態であって、むしろ世相は一段と後などは、ただなんとなく人々の考え方を大勢《たいせい》というものが支配していた。そのせいも手せっかくたくわえてきた経験を役だたせる機会が危くなってしまった。特に戦争の終ったふだんそんなことばかりしてのんきに構えてはおれない世の中になってしまって、今までできたためでもあった。それが世の中は依然として暗く、国の将来は気づかわしいために、へ世間の人たちをひきつけようという気持から、なるべくおもしろそうな問題のみを選んはしていないのである。それというのも、筆者のような古い人間は、最初は民俗学の興味衰え、学者のほうがむしろ地位を守ろう名を挙げようとする、利己的だと思われてもあやしまないほど変化してしまった。

一般的にいって、ここ数年来の日本人というものは恐ろしくなるほど質は低下し、粗雑になってきているのである。したがってそういうおおぜいの中にも、あせた秋の落葉のような、見たところ姿のかんばしくなく、また将来の楽しみの非常に少ないものがあるので、それを気づかせる人をひとりでも多く作り育てていくために、ちっとも気を弱めずに進んでいけるという学問が一つ起っているのである。われわれが民俗学という小さな学問の区域に割拠しておりながら、なお日本全体を背負って立つようなことをいう理由はそこにある。ことに日本人はある少数の学者だけにその教えを仰ぎ、彼らのいいなりに、至極ごもっともだといいながらついてきたのであるが、その人たちのちっとも顧みなかった隠れた日本の興味ある新事実が今はまた発見せられる。いってみればわれわれが無学であったということのために、新たに知ることの多かったことを喜び、かつは泣いたり悲しんだりしている人たちを少しでも救うことのできるほうに、この学問をまず応用してみたいというのが、われわれの主旨であった。

家と女性

女性は一生のあいだに、男のたれよりももっとも多く群れの助けを借りなければ生きていくことに困難を感じる場合がきわめて多い。今までの社会が今日よりもなお一段と不幸なせいでもあったろうが、ひとりでは生きられないということはことに農村における寡婦《かふ》などにその例が多かった。次第に農業が近代化してきて、もうそのかぼそい手には負えなくなり、家に働き手がなくなれば、もう家の滅びる前兆であった。かりに男児が二、三人あって、もう五年待てば、あと十年もすればということがわかっていても、そのあいだの経営を継続していくことが困難なために、どうしても人の情にすがらなければ、生きていけないということは、農村の古今を通じての一つの特徴であった。そのためにユイやモヤイのような共同労働が発達する素地が多く残されているのである。

元来農村には法律の適用される機会が少なく、たとえば子供を残して親が死亡した場合のような制度は、成文化された法律こそなけれ、日本の長いあいだの慣習で、そのめんどうは周囲の共同責任に課されていた例は多かった。だいたい一族縁者がこの降ってわいた不幸の始末は引受けていた。租税なども昔は村全部の共同負担であったために、働き手のいなくなった家庭があったとしても、その所有地は一時的にも手の余っている者に小作をさせながら、自分の子の成長を待つような仕組みは、近世三百年ばかりの歴史の中では常道とされていた。それが農村の協同体制が次第に希薄になり、分化するに従って、小利口な、そして悪質な隣人が多くなり、安心して子の成長ばかりを気長く待ってはいられないような、せちがらい世の中になってしまったのである。

またその一方に、孤児の世話をする縁者の者も、家と家の利害関係の利のほうが次第に薄れてくると、事ごとにめんどうな場合が多くなり、数軒の家が申し合わせて一月とか半月とかを食べまわるような、いってみれば一部は人情から、一部は今までの行きがかりというふうなことから発した仕組みであった。こういう子供が成長したのち、幸福な人間になれる気づかいはまずなく、不完全な人間として世間から指をさされる人の大部分は、こういう暗い生活の歴史をもった人が占めていたのである。しかし幸いなことには、こうした例は実ははなはだ少なく、かりに夫婦ともにその子を残して死ぬことがあったとしても、あるいは病気や出産で田畑の作業ができなかったりしても、大部分の家はそれほど大きな負担を負わずに済んだのは、日本の村の生活における特性であった。それがまず村が町になり都会になるにしたがって「隣は何をする人」かわからぬような、見も知らなかった外来者ばかり多くなり、さしせまった事情が起っても安心して依頼もできず、だからといって社会の保護も十分に望めぬようになった都会が、まず最初に不幸をもたらしたのである。例に引くのも気が引けるくらいに胸の痛くなる話であるが、生活の苦闘に堪えかねた世の若い母親たちが、まだ東西も知らぬ幼児を道連れにしてでなければ死なぬというのは、明治以後の一つの流行で、最近特に多くなり、しかも何ゆえに日本ばかりこんな悲しいことが多いのか、天を仰いで嘆息ばかりする前に、もう一度われわれは真剣に、その底に流れているものを究明する必要に迫られているのである。もしもそれらの心理現象の裏に横たわる消極的な思い切りや女の勇気というものが、従順無抵抗を本位とした江戸期以来の道徳の制約を受けて、たった一つのいのちよりほかに、その自由処分にゆだねられたるものがなかったということが、もしやこういう情ない進路を指示したものだとすれば、女性の勇気と胆力をただ死の方面にしか発露せしめないような、わけのわからぬしつけが、思慮の浅い者をしてこのほうにばかり向かわせるのではないかと思う。

筆者はすでに三十年ほども前から、女性が歴史をやらなければならぬということを説いてきているのであるが、この考えを筆者に起させたもっとも大きな原因は、都会が大きくなるにしたがって、親子心中が頻繁《ひんぱん》になってきたことからであった。女の学問というと、万々一の場合、すなわち夫が病身であったり、子をかかえて未亡人になったり、あるいは家が破産にひんして、身売りでもしなければならぬというような場合に備える教育ばかりを与えたり、受けたりすることばかりをさすように一般には考えられているようであるが、もしそれだけが女の学問であるなら、おそらくは今までの悲劇を繰り返すだけで、世の中は明るくも平和にもなることはむつかしかろう。とにかくカロリーの計算や子供の衛生だけの教育ならば、それは単なる技術の教育である。少なくも学問は、その利得が自分の一身にとどまらず、社会を今までよりも賢くすることでなければならぬ。あたかも今は古いしきたりと新しい感覚が交錯しながら、以前ならあまり考えてもみなかったような、新しい生活の問題の解決を迫られているものが多く、それを酒ばかり飲んでいる夫にまかせっきりにしたり、もしくは彼らの誤まった考えをもただ黙視してすませるのが女の役かどうか、その問題によっては職務に疲れた男の手から引取り、少なくとももよい考え、新しい見方を暗示することができるはずである。そのために歴史などは、もっとも都合のよい学問の一つなのである。ただ今まであまり人々が親しめなかったのは、その歴史が不人情であったためで、ことにごくありふれた通常人の境涯というものを勘定に入れないことばかりがその中に現われていたためであった。これからはも少し名もない民衆の生活にまじっている者の中に、この学問を広げていかねばならぬと思っている。今日のように女子教育が盛んになっておりながら、なおいわゆる有閑夫人の多くできるのは、たとえ少しも悪いことはしなくても、すでに社会の一つの病だといわなければならない。

死後と家

今のような状態では、生きているあいだがせいぜいであるが、死んでからのち、英語でよく使うアフターライフという問題が、どうなるかということを勘定に入れて、日本古来の固有信仰ともっとも関係の深い、家の問題を説いておきたいと思う。

「死ぬ」ということは、あまり人の好まない問題であるために、存外書いたものは少なくて、文書の上から知ることは困難であるが、現在の宗教団体などは、ことごとく生きている人の現世利益ばかり、その以外にはあまり考えようとはせず、もちろんそれまでにはかなりの変化を続けてきているのであるが、日本人の多数は、もとは死後の世界を近く親しく、何か消息の通じているような気持をいだいていた。こういうことが、あるいは島国の民族を永続させるための一つの力になっておりはしないかと思っている。これはいくつもの理由があげられるが、生前の念願が死後には必ず達成されると考えられたことや、さらに幾度も生れ替って同じことを続けられるもののように考えた者の多かったことは事実である。すなわち執念や初一念というように、一種の念を持ち続けさせるということは、信仰上の必要があったもので、かつてそのことを説いて、どうも日本人は他の国の者よりも死ぬことを多く恐れない、むしろまたすぐ生れ替ってくるという考え方が強いのではないかといって、その結論を確かめないうちに戦争が終り、心残りに手伝われて、その時『先祖の話』を書いたのであったが、これは自分では成功したとはちっとも思っていない。それは要するに生れ替りの問題で、すなわち毎年時を定めた訪問や招待とは別に、魂がこの世に復帰するという信仰である。これは東洋でもはやくから行われているもので、仏教はもちろん転生をその特色の一つとしているが、人間の霊魂がそれっきり消えるとも思わず、古くから死の島とか、霊魂の国というようなものがあって、死後の魂はそこにいくのだという考え方があった。ただ死の国にいったら帰ってこないか、もしくは時おり帰ってくるかの差で、仏教などはそのいずれにも属さないような中間的な存在であった。すなわち死から完全に絶縁するものではなくて、おりがあれば鬼や動物になってでも、現世となんらかの意味で因果関係を結んでいるという考えがあるが、これは正確な意味で批判する余地があった。生れてくる者に一つずつの魂があるとすると、非常な数の増加であるために、他の一方には消えていくものがあって、ただその中にわずかだけの魂が戻ってくるというような、いわば一つの不文律の法則のようなものが仏教にはあった。しかし日本の場合は、六道輪廻《ろくどうりんね》というような、死んだ人間の魂が違ったところに生れていくという考え方ではなくして、それよりももう少し原始的な形に近かったものだと思う。

沖縄諸島では、あの世のことをグショ（後生）と呼んでいるが、そこはわれわれの想像する所より、もっと近い場所のように考えていて、目にこそ見えね招けば必ずきたり、また自ら進んでも人に近づくことができた。そして霊魂の戻ってくる場所はその家、あるいは一族のあいだに生れ替ってくるという考え方が、かなりはっきりしていて、たとえば自分が生きていても死んでいても、上の孫ができれば自分の名をそれに譲り、孫は自分の姓と同じ祖父母から譲ってもらった名を、またその孫に伝えるという風習は、かなり長くかつ広く伝わっているが、これも生れ替りのもっともはっきりした例であろう。

転生ということばは仏教の中にもあり、中世の文学の中にも、牛やねこに生れ変ってきたり、あるこじき坊主が武田信玄に生れ変ってきたのだという説のように不規則な転生説は現われているけれども、いわず語らずのうちに認められていることは、霊魂の中のある力の弱い部分はそのまま消滅してしまい、ある選ばれた魂だけは形を失わないで戻ってくるという考えである。その戻ってくると考えられている思想にも、いくつかの変化があって、想像にも及ばないような遠い死の島で休んでいる魂のほかに、絶えずどこかをさまよっているもの、あるいは意外な時、突然生れてくるものなどがあり、だいたいわれわれの考えているところでは、まだ生命力のある若いころに不意の原因で死亡した場合などは、また生れたくてたまらないのだから、早くよみがえろうとする傾向があり、もしそうでなかったら悪いたたりを世に残すといわれている。はじめはそういうものではなかったろうけれども、人間のからだの中には、生きているうちから、幸御魂《さきみたま》とか奇御魂《くしみたま》というものがあって、死んだらまた生きられるという形であったのが、それがまことに平和な時代には平穏無事に、ふたたび元の人間の姿を見たのであるが、しかしそのためには、たとえば親切にいのらなければならぬとか、死ぬ時にごくねんごろな意思表示をしてやらなければならぬという、やはり若干の要件があって、突然にして不慮の死を遂げた者の悪霊というものが多くなると、魂の信仰がたいへんな混雑をしてくるのである。いまわれわれがしきりにやっている御霊《ごりよう》という信仰が盛んになったのは、平安遷都の後の世の政治上のいろいろの事件の起った時分に多かったのは文献がそれを教えている。

そのころは非常に多くの悪霊が世に出てきたために、霊という字を人間の魂の意に使わないで、雄大な魂だけに限られていた。今でも精霊《せいれい》ということばが残っていて、これはたれがかかって集めるのかは知らぬが、幽霊などと記して、わざとわれわれを気味悪がらせ、仏教のごときは、それだから早くこの世をさっぱり思い切って遠く寂光《じゃっこう》の浄土へ旅立たせ、二度とふたたび帰ってこないようにしようとしているのだが、元来この中には正しさをつらぬくため、尊い事業を完成するため化けて出た亡魂も多かった。壮齢にして世を去った人々の志を後世に残す方法は、別にいろいろと昔から求められていて、夢にまできて会おうとする約束までを素朴に信じていた時代もあれば、また現にことばをかわした人もあった。ただこれを引継ごうとする方法が悪く、相手が愚昧《ぐまい》であったばかりに陰鬱《いんうつ》をきわめた因果物語だけが世に広まり、後世になって人々からけいべつされることになったのは損な話であった。

とにかく日本には、それでも平和無事の家というものは多く、家のために生れ替って、また働いてくれるものがあるという信仰は絶えなかった。われわれにいわせると、そういうものがお盆の魂迎《たまむか》えのような形になって残っているのだと思う。もちろん盆の魂迎えは古いことではなかろうけれども、先祖の祭が寺院の管轄になったために、仏壇の管理を仏教徒にゆだねてしまって、その結果、日本の神とはおよそ縁もゆかりもないものにしてしまった。今でも快く思えないことの一つは、寺で行う施餓鬼《せがき》の意味で、施餓鬼とはその名の示すように飢えた鬼のことを意味するもので、地獄にも極楽にもいけずこの世にさまよっている鬼、すなわち祭る人のない仏のために供養するものであった。幸か不幸か多数檀《だん》徒《と》にとっては、文字も意味も解し難《がた》かったがために、それでも親切に自分たちの先祖を祭ってくれると思い込んでいるのは、あまりめでたい話ではなかった。

浄土宗の教えをみても、末期《まつご》の水を与える時に、十万億土のかなたで安堵《あんど》していて、二度とふたたび帰ってくるなとさとしておきながら、それでもなおきまって精霊会《しょうりょうえ》をやることに合点のいかぬ思いをする者は中世にもいて、死んでめでたい浄土に行ったものを七年忌とか十三年忌とかいってまつるわけはないのだと、親の年忌に反対したという明遍僧都《みょうへんそうず》などもそのうちのひとりであった。少なくとも仏教伝来の前後の日本においては、両立しない信仰があって、すなわち皇室を中心とする在来の信仰を強く守ろうとする者と、新しく伝来した仏教を奉持する者と、この二つの両立しない信仰が或場合には並行し、またある時は交錯しながら、それが次第に一つの流れに調和しようとしながら、現代にまで続いてきているのである。

家の持つ意味

家ということばの意味のもつ一種のあいまいさは、国家に対する家という概念と、一方では建築物という物質的な意味での家の考え方で、この二つの点がいつでも誤解のもとになっているようである。

家というものの歴史は明らかではないけれども、われわれがほぼこうだと信じて疑わないのは、イヘ（イエ）とヤということばの意味は、まるきり同じではなく、ヤというのは確かにおおいがあり、雨露をしのぐ建物のことをさすのであろう。だからミヤということばなどもあって、これもやはりヤの一つであろうけれども、イへというのはそれ以外の内部の中心点があるもので、あるいは証拠が出てくれば、またいい方を変えなければならないかもしれないが、イへのへということばがある一方に、戸のことをへと呼ぶし、また竈《かまど》のことをヘッツイということばもあるが、このへというのは、おそらくは中心点のこと、すなわち家の中心である「火」の意味ではないかと考える。竈というのは、今こそしごく軽便なものができているが、もとは家の総員が主屋《おもや》にそれぞれ集まってきて、その広々とした座敷でおおぜいがいっしょになって食事する場合には、大きなヘッツイを中心にして集まったものであり、そこに竈の神をまつったのである。

ヤのほうは、それとはまるで反対に、いかなる小さなものでも、雨露をしのぐための屋根をさえ作れば、それはれっきとした「ヤ」である。ヤというのはだいたいにおいて家の分れたものであり、家には多くのヤが属するのだと考えなければならない。したがってわれわれが民家というものを考える時に、すぐに家という字を使用すると、そこによく誤解が生ずる。すなわちそこには孤立した一軒のヤも、一つの群をなすイへも、違った意味の二つの家が同時にふくまれてしまうからである。それがのちのち双方の見境がつかなくなってしまったが、そのいちばん大きな原因は、建築技術が進歩してきたことにあると思う。外国では、中央をとがらせて、必ずしも大きな棟木《むなぎ》を上まで引き上げる技術を要しなかった建築方法もあるし、れんがや石を重ねていって、その上に軽い屋根を乗せて家とする所もある。そういう地方の発達と、日本のように木材をおもな材料として作る家とのあいだには、おのずから相違があって、もしも物を引き上げる器具の発達や人間の技量がなかったならば、間口の八間とか十間とか以上の大きな家は作れなかったであろう。したがって家はある時代においては大きくなった傾向が見られ、裕福な家になればなるほど、大きな家を作りたがる感覚は今でも残っていて、家が焼けた後でも、旧家を誇ろうとすると、まず一代のうちになんとかして見かけの大きい家を作ろうとするのも、その現われかもしれない。

こうした規模の大きな建築ができたのは、もちろん京都に華麗な宮殿や寺院ができる以前のものである気づかいはなく、この新しい建築技術の導入とともに家の組織、つまり無形の家というものの組織が大きく変ってきたに違いない。このことは機会あるごとに説いてきたことであるが、いずれにしてもそのヤということばがいちばんよく残っているのは、ナヤとかコヤとかという場合であって、所によってはコイへというところもあるが、たいていはコヤで通っている。ただ一つ問題があるのは、ヘヤあるいはヒヤといっていることばが、地方においては家の一部分であって、むすこのヘヤ、娘のヘヤ、あるいは別にヘヤズミということばもあって、壁で仕切られた家の一部分だけを使っており、大建築物の中の一区画になってしまっている。これなどが、家の概念を混乱させるいちばん大きな原因になっているように筆者は思う。幸いにして地方にはマキベヤとかミソベヤとかいって、離れの小さな小屋をヘヤと呼び、瀬戸内海の多くの島の、今でも古風な婚姻の行われる土地では、ヘヤは明らかに離れであった。また伊予（愛媛県）の睦月島《むづきじま》でも門長屋の一区画がヘヤであったのを見てもわかるように、もとはヘヤとは同一屋敷内に建てられた付属建物のことであった。建築技術がまだ農村まで入りこまなかった以前には、そういったヘヤがいくつかあって、中心の主屋《おもや》だけが、そこに大きな竈《かまど》があり、一族の者が集まってくる機会が多くなるために座を広くしたり、棟木の高いものを入れたり、あるいは屋根を高くしたりして、のちのちのりっぱな農村建築の技術が発達するにいたったものと思われる。要するにファミリーと呼ぶ一家は、決して一軒でなければならぬということはなく、つまり昔の精神的つながりをもつ一族であった時代があるので、これは今となってはだれも不思議がるものはないけれども、筆者がはじめて気づいたのは、まだ若いころであったが、奄美《あまみ》諸島のような専門の大工も、あるいは大きな材木もない所を写真で見ると、どこが中心なのかよくわからない家々が一つの屋敷の中にかたまっていて、本家が少しも大きくないために、時によると二十も三十も同じ形の家が乱雑に軒を連ねているのを見たことがあった。そしてそのめいめいの家がそれぞれ自給し、それぞれの生活を営んでいるのに、よく見るとそのうち比較的規模の大きい、そしてやや中央に近い所に、ささやかな体面を備えている家がすなわち主屋で、他の家々は別れ別れになっていても、そこには独身の者も夫婦の者もそれぞれの生活を営んでいる。家族が多くなれば、それを皆同じ棟の下に休ませることができないために、それでいくつもの小屋長屋を給して住まわしめたのが、のちのちそのヘヤを屋敷外の地にも建てて、配偶者のある者をそこに住まわせるようになり、それが本家分家というものとだんだんに区別がつかなくなってきた原因である。すなわち、今日分家という名をつける一つ以前は、ヘヤであったろうことは中国地方から西にいけば分家のことをヘヤと現に呼んでいることからでも推測できる。つまりこの本家でない家は、尊長となるべき者の家の周囲か、なるべくならば屋敷の中に、あるいは近くの場所をさがして家を建て、そして一族というものは、近くから見ても、遠くから見ても、およそこれが一かたまりだということがわかる姿で住んでいたらしい。これはいわば花びらのように中心をもった集合体で、個々が独立した生計の単位ではなく、あるいはこれがわが国の大家族制の特殊な形態だったといえるかもしれない。ところが、社会は移り、世の中は変ってしまって、内からも外からも、それぞれ別個のものと認め、考え方も違ってきている。たとえば出家《でいえ》ということばなどもその一つで、このことばが残っているのは日本でもかなり広く、東北のほうでは八戸といって戸の字を当て、これをへと呼んでいる。そうでなくとも屋敷から外に出た時にそのことばが生れたのだと思う。つまり家が多くなるにしたがって、屋敷内がせまくてたくさんの家族は住めないために、やむなくその外に出て住んでいる者をさすのであった。ところがそれが後になって、分《わか》され家《や》といったような名をつけてくると、もうだんだんと意味が不明になりかけてくるとともに、次第に独立性を備えてくるようになっている。

新たに独立を認められた近年の分家と、古い分家とのあいだにいちじるしい気持の差があり、後者を古風なとか堅いとかいっているうちはまだよいが、かたくるしいとも旧弊《きゅうへい》なともいうようになっては、力の上からいっても前からあったものが負けてしまう。こんな形になったのは、江戸時代の末期ごろからのことで、決して最近新たに起った現象ではなかったのである。

家の分化

家が次第に分化していった変遷というものは、たいてい三、四百年この方の現象と見てよいので、その間の推移を見ても、家というものに対する考え方の変化が理解できる。第一に一軒一軒の家がすべて、その群居する戸主を通じてでなければ支配できないようになってくると、行政上の不便が生じてくる。それを円滑ならしめるために、なるべく独立性を与えようという気持から、今までの屋敷内におけるヘヤのような形のものから、もう一段と進んで、小さくとも別の屋敷をもつようになった。たとえば、新開の地をひらいて離れてひとり住むようなことを奨励して家数をふやせば、人夫を雇うにも、年貢《ねんぐ》をとるにも好都合であった。それからなお、いま一つ進んで、運勢に恵まれ、かつそれほどの過酷な時に母親が違ったりしておれば、一段とそういう感情が手伝って、本家分家と名をつけて災害にあわなかった大百姓は、一代のうちに一軒の家を二軒に分家させることもできた。はおりながら、比べてみると両者がほとんど選ぶところのないようなものになってしまい、そうしたら最後には本家が弱まってしまうからということで、極力分家の勢力をおさえようとした記録もある。あるいはもう分家が堂々たるものになってしまって、従属関係に立つことを欲しないようになってくると、その家では年期の奉公人を養成したり、また外から旧家の娘などをもらって育て、本家一族に劣らぬほどの屋敷構えをする者も多かった。その代りこの新しい主《あるじ》は、自分の地位を築いていくためには、並の労働者とは比較にもならぬほどの激しい労働に堪えていかねばならなかった。そうして一代のあいだに大きな変動がない限り、一人前に家居を構えたし、中には水のみと称して、依然として従属を失わない者もあったが、そうした例外を除けば、大部分の者は独立した農民になれた。もちろんこれが日本の過小農経営を助長させる発端になったのは事実であるが、その経営の仕方にでこぼこがなく、ほぼ同じ形態様式であったために、しばらくすると、もうどちらが本家か分家なのかわからぬようになってしまう。そのうちには本家がしばしば失敗して没落の憂目《うきめ》に遭遇するような場合があると、そこにいくつかの本百姓が生れてくる。もともと家というものは、そんなに長く寿命のあるものではなく、せいぜい十代、十五代続けばよいほうで、富者三代続かぬ例さえもあるのである。

幸いにして日本では、気候のまるで違う地域にも、そこに同じような気持をもった、そして同じような家の経験をもっている者が村を形成しているために、ある重要な問題の変遷を調べてみようとすれば、やや新しい文化からかけ離れた数カ所の場所を比較検討すれば、案外簡単に理解し得られるという便宜が得られ、日本だけがもちうる大きな特徴であった。これなどは文献が残っているということとほとんど同じ価値のあるもので、京都の公家《くげ》や寺院の僧侶《そうりょ》たちの手によってなった、いわゆる普通人にはとうてい覚えもきれぬ、またまねもできぬような文書を、唯一の材料にして二千年の歴史を調べようとした欠点も補えるのである。

隣国の中国などは、歴史の古い国であることは確かであるが、今そこに住んで暮している者の歴史についていえば、日本などの比ではなかった。九州の果から東北までの約五百里までのあいだには、山や川にへだてられて、そんなにまで遠く越えていくことが許されず、別れ別れになって成長してきた長いあいだの変遷の中にも、なおわれわれが知ろうとして忘れきっているところの過去の経験を、新たに思い出すことのできるというのは島国という日本だけがもちうる大きな便宜でもあった。

こんなめでたい国に生れながら、日本人にはなかなか自分の国のありがたさを感じてない人が多いのであるが、この一つの責任は文献にばかりたよりすぎた今までの日本の歴史の教え方が正しくなかったからでもあったろう。われわれの生活にもっとも関係の深い近世においても、文書記録の残っている地域というものは非常に限られている。記録のない地帯にそのようなことがなかったというのではない。しごく当然なことで、当時はちっとも珍しいとは感じなかったがゆえに、こんなあたりまえのことを書いたのではきりがないという心持から省略されているのである。こんなにも時代が変ってしまった今、文献がないのだから昔はそういうことはなかったのだと説くことは早計である。したがってわれわれはもう少し気長に、また問題を選ぶ場合にも、実際に入用のあるものを先にするだけの心持をもって、今まで経てきた日本人の生活を省みようとするならば、その痕跡《こんせき》はありあまるくらいにその資料を提供してくれるだろう。

家というものは、自分の利害、環境を一にする者同士が集まって生活しなければ不安であった時代があって、次第に生活の安全保障ができてくると、そういうことも無用になって、忘れ去られてしまうような例はいくつもあった。たとえば本家のオカミさんというものは、いばってばかりいるように今の人たちはかってに思い込んでいるが、この主婦は、おそらく汗水流して野に働く者とほとんど違いのないような辛苦を、一族の和合と統一を計るために感じていた。これを詳しく述べる余裕が今はないけれども、その苦労は家の主も同じであった。共同生産されたものを、一族の長なり一家の主なりが独占して、甘い汁ばかり吸っていたように考えることは大きな誤りである。関東地方にも古くから主人夫婦とか子供たちのためにとか、特別に食物を調理することすなわちコナベダテは罪悪のように考えられてきた。これはおそらく全国とも同じ傾向をもっていて、一家はすべて一つの大なべで煮ていっしょに食事するのが常で、それであったからこそ一家一族の団結は堅く親密なまた平等なものであったのである。田植の歌に出て来る太郎次という役なども、もとはタアルジすなわち田主《たあるじ》であって、あたかも中国地方でサヅエなどという杖をついて、歌だけうたう職人が田植え人の中にまじっていることが重要であったのと同じような意味で、やはりたんぼのへりに杖をついて立っていなければ農事が進まなかったのである。したがってこの時だけはいかに裕福な家の主人であっても、ずきんをかぶってたんぼに出た。今では太郎次というひとりの長者の名と思っている者もあるようだが、もとは田主《たあるじ》の意味であった。もちろん、さしずする者とせられる者とのあいだには、感覚の上からもおのずから相違があるが、はじめから階級組織を目的にして家長制が生れたというのは大きな誤りで、これをごく単純な想像からその由来さえもきわめようとしないで、簡単にこれを封建性と結びつけて階級闘争を説こうとするのは、われわれのもっとも快しとせぬところである。

われわれの学問というのは、真実を語るのが義務である。その価値の正、不正は後世の者が決めるだろう。ここで筆者が説きたかったのは、要するに少数のもっともすぐれた人とか、あるいはもっとも尊いといわれる方とかではなく、日本人というのは、それは一つのかたまりであり、そしてそのかたまりの中には幸福の差異や階級の序列は若干あったろうけれども、そういうものを超越した一団の日本人というものの歴史を特に筆者は考えてみたかったのである。

四　郷土を愛する心

ふるさとの山

　ふるさとの山に向ひて言ふことなし
　　ふるさとのやまはありがたきかな

という石川啄木《いしかわたくぼく》の歌は、多くの人々に愛誦され、ふるさとに対する無限の感懐の情をゆすぶっている。

　久しぶりに故郷に帰ってきた彼は、秀麗な岩手山《いわてさん》を窓辺にながめ、そのふところにいだかれて、黙々として満ち足りた心のやすらいを得た境地が、この歌によくあらわれて、人々の共感をさそうのであろう。

　望郷とか郷土愛の感情は、何も日本人だけのものではない。ホームシック、ノスタルジア、あるいはハイマーツリーベといったことばは、外国でもしばしばすぐれた詩や歌ともなって、切々《せつせつ》の情は人々の胸を今も打っている。まことに洋の東西古今を問わず、ひとたび故郷を離れて異郷に旅し、他国に移り住んだ者の、たれか故郷を思わざる、であるが、しかしそのなかでも、日本人はとりわけて郷土に対する執着心の強い民族だといわれている。

生活のためにひとたびは故郷を去った人々も、いつの日にかはそこに永遠の安住を得ようとし、あるいは、にしきを飾ろうという志をもつものが以前は多かったのである。「珍しとふる里人も待ちぞ見ん　花の錦《にしき》をきて帰る君」という古歌もあるように、青雲の志をいだき、もしくは逆に生活の不如意《ふにょい》や世間への不義理、人情の圧迫などに堪えかねて、やむなく村をすてて他郷に走った人々でさえ、何ほどかの社会的成功をうると、墓参とか先祖への報告に故郷に帰る。志のむなしく破れた人々にとっても、人生のいたでをいやす最後のいこい場は、やはりふるさとであった。比較的豊かな農村の子弟は、学業や職業を身につけるために故郷を出ても、往々にしてしんぼうが足らず、わずかのつまずき、不満、失敗にも、いわゆる背水《はいすい》の陣をしくねばりがないといわれるのは、彼らの心の底に、ふるさとが、いつも困ったら帰ってこいと誘いかけてくるからではなかろうか。

日本人は移民に出ても、近いころまで日本人同士がかたまり合って、移住地の社会に融合せず、成功者はたちまち帰心矢のごとくで、根を異郷におろすことが少なかったのは、日本人の一つの欠点とさえされていた。しかしそんなにまでして帰りたがる故郷は、必ずしも風光にめぐまれ、海山のさちの豊かな極楽ではなく、地はやせ、山はけわしい谷あいのさびしい村であり、耕して天にいたってもなお苦しい島の生活なのである。初夏初秋の

さびしいふるさと（南伊豆三浜村）

快晴の日に北海道を旅する者は、雄大にしてエキゾチックな景観の美に魅せられて、長い冬の、風雪に閉ざされた暗くさびしい北海道の生活を想像することはできない。

啄木が詠嘆おくあたわなかった故郷とても、旅人の冷やかな目から見ては、決してありがたい、いって永住してみたい土地ではない。東北本線も盛岡を過ぎると、窓外には亜寒帯の荒涼たる風景が展開してくる。冬のきびしさ、わびしさを思わせる山野のなかに、点々と林を背負う村里。一族が一かたまりに寄り添い、力を合わせても、自然の恵みのとぼしさを常にかこたねばならぬ岩手農村。渋民村もそのなかにある。山は多く車窓を去来した。しかしそのさびしい村里を越してはるかにふるさとの山が見えてくる。それがふるさとの山であるという一点にこそ、啄木をして、えりを正さしめるものがあるのだ。

つまりは人の心を暖かくいだき、足らわせるふるさとの山とは、それが単なる自然の山、姿美しい山というにあるのではない。旅人の行きずりに心ひかれるあれこれの山川とは、全く別の、当人以外には味わうことのできないもろもろの生活とのむすびつき、思い出を秘め、かつそれを象徴したものとして、ありがたしと感ずるのである。

日本は山水の美にめぐまれているとは、人のよくいうところである。たしかにはてしない平原や、すさまじいさばくや密林の自然のなかに住む人々から見れば、山あり丘あり、渓流あり泉あり、森あり林あり、そして四季の変化のそれぞれに恵まれている日本の自然環境は、全般として旅人の目からはたしかに美しい。そして日本人はこの自然に深くいだかれて、そのなかに自分たちの生活を打ちたて、詩情や人生の哲学を養ってきた。

しかし他方、日本の自然風土は、はなはだけわしく、きびしい。モンスーン的風土は、季節を定めて台風をたたきつける。平野にとぼしい帯のような日本列島は、脊梁山脈《せきりようさんみやく》を分水嶺《ぶんすいれい》とする大小の河川が急流をなして海に落ち込んでいる。このためしばしば洪水に見舞われる。火山帯の複雑な地殻構造は、変化のある地勢と温泉を恵んでくれるが、たびたび大地震の災害と津波の来襲をまぬかれることができない。

地形のしからしめる所、耕地面積はとぼしく、村落は谷々にわかれ孤立した姿をとっている。こうした日本の自然や風土が、日本人の生活様式や精神を強く律してきていることは、もう多くの人々が論じてきたところである。

郷土をささえるもの

一般に人間が一個の人格を作り上げていく過程には四つの成分があり、それが相互に作用し合っていくと考えられている。この四つの成分とは自然環境、遺伝、社会的遺産、および集団（社会）である。ふるさとが、山や川、家によって象徴されるのも、これらの成分を無意識のうちに意識しているということになろう。ふるさとを愛する心とは、そうした諸要素の結合によって導かれた人格の、主観のなかにいだかれる感情なのである。だからマラリアに苦しみ、飲料水にさえことかく南方の孤島にも、人々は住んでいる。その島の生活を憂しとして離れ去った人々にも、その胸中を常にその島が、ふるさととして去来している。

ふるさとの語は、もとより生れた土地を離れた人々が用い出したものであり、おそらくは「ふりいにし里」の意なのであろう。だから古くは旧《ふ》りたる里、ふるび荒れたる里、旧都、古跡などをさすことにもなれば、かつてかりそめに住んだ土地、曾遊《そゆう》の地などをも「ふるさと」と呼んだらしいが、しかしやがてそれは故郷、本居の地を呼ぶに統一されてくる。ふるさとの「ふる」は古、旧、昔などの「ふる」でもあり、また同時に経《ふ》る意でもあるから、それは時間的なものを意識したことばである。すなわち起原的、元初的であるとともに、歴史的、経過的なものを内包しているともいえる。だから「ふるさと」とは、出生地であるだけでなく、世代的な定住事実が必要であり、しかも本人にとって一定期間、とくに人格形成の主要な幼少年期の生活体験が織り込まれてこなければ、真の「ふるさと」の意識とはならないのである。

日本人はすでに歴史時代にはいった時、大多数の者はもはやすでに強固な定住農耕生活を樹立していた。この事実は当然のことながら日本人が強く郷土に結びつき、それとの不可分性とか一体感を深くしている理由の一つである。この点は牧畜や狩猟生活の長くつづいた民族とはよほど違った心理を形づくっているといえよう。狩猟とか牧畜の生活では、獲物や牧草を追って自ら移動する。したがってこの自ら動くということによって、風土的な環境を変え、季節の変化を進んで調節することができる。しかし定住農耕の生活は、一定地域の占有を基調とするから、自己の意志や生活の便宜によって自然環境を変えていくことができない。いつもその与えられた環境のなかで、逆に自分たちの生活をこれに適応させ、これに順応していかなければならなかったのである。

日本の農村には、近ごろまでも、一生をその生れた村内だけで過ごしてしまう人は少なくない。こうした生活状態は植物にも似たもので、土地と切り離せない、土地とともに生きる生涯といえるであろう。自然環境とのこの密接不離の関係は、自然を客観においてながめるという意識を生じない。また自己の確立した生活形態や生活態度、意志や設計を、いろいろの手段方法によって自然のなかに打ちたて、割りこませていこうとするような方向は生れてこない。自然は命ずるものであり、生活設計はこれへの順応においてなされる。自然風土は、日本人にあっては人間生活と対立してあるものではない。生活の大前提であり、生活への至上命令として与えられたものとして受け取られている。つまり観察し鑑賞する自然、あるいは生活から遮断《しゃだん》しうるものではない。生活の自然であり、社会としての風土である。この意識が、日本人の自然観を特殊のものとしているとともに、その人格や態度をもいちじるしく規制してきたと考えられるのである。

定住性の特徴は、ただに空間を占有しているにとどまらず、時間の占有があり、その自覚があるという点は重要である。しかもそれが日本の農村社会のように、一つの孤立した、自給自足ふうの小世界を築いていた所では、こうした意識や感情が世代的、歴史的に伝達され、遺伝していくものと考えられる。それはただに自然や風土に対する意識や感情、こからつちかわれてきた生活態度や人生観といったものだけにとどまらないことは明らかであろう。久しい歴史の流れのなかに、自然の条件と風土の命令によって、おそらくは幾世代となくエラー・アンド・トライアル（試行錯誤）をくりかえした末に、ようやくにして生活の形態と秩序が発見され、樹立されてきた。この生活の型は、同一の生活条件が持続していく限り、世代から世代へと伝達継承せられて、次第に支配的な働きを人々の上に及ぼしてくる。フォークウェイズとか慣行習俗とか伝承と呼ばれるものがまさにこれであり、それが社会力となって人々を教育し、規制していくために、そこに生活、伝承および人間の型ができあがってくる。

かくて村人は決して個々に独立した、自由な動物的存在としてあるのではない。またあることを得ない。われわれは生れ落ちる瞬間において、すでに社会のうちに存在している。母を中心にする家族集団の保護なしに、赤ん坊は生きながらえていくことはできないのである。そして社会は、その新生の赤ん坊を、その社会の一員たるべく鋳型にはめ、教育する。村に生れた人間は、その村落社会という樹木の一つの葉である。それは家族という小枝につらなり、家集団の太枝を通して全体社会の幹につらなっている。そしてその根は遠い過去の祖先たちの生物的、文化的な遺伝や遺産の中に深くおりている。だから葉である人間は、過去無数の死者の蓄積してきた経験とエネルギーによって、ここに生かされているのであり、群れを通して自らを形成しているのだといえよう。

P・サンチーブは、この事実をさらに説明して「幾世紀にもわたって、あまり変化のない環境のなかにあっては、類似した生活が営まれ、幾千年にわたって、慣行や習俗の残留と持続がある。この残留と持続とが、人間をその土地なり、その人種の過去なりに結びつけているのだ。共通したことば、共通した考え方、同じ寺院での祭や祈禱《きとう》、同じ墓地での跪坐《きざ》……こうした人々の精神をはげしくゆすり、心をひどく動かす神秘的で魅惑的な、また暗示的な持続性が、われわれも死者と同じ土地から造られ、先祖の骨灰をわれわれの血肉に合体し、ついでわれわれの骨灰もまた子々孫々の血肉の中に合体していくのだということを、如実に教えてくれる。さらに同様の神聖かつ神秘的な持続性が、人々の魂を結びつけているのだ」と述べている。

一言にしていえば、郷土をささえているものとは、残留と持続、すなわち伝承によってつくり上げられた「文化複合」と、これによって作り上げられた人格、心性の相関関係なのである。郷土の持つ文化複合と郷土的人格、心性とは、これを分析すれば先にあげた四つの成分になるが、それはもちろん個々別々に存在するのではない。山とか川、森や林、四季の変化、生れた家、神社、寺院、墓地といったものが、ばらばらに客観的に存在するのではなく、それらを取り巻いて生き、働き、話し合い、親しみ、争いしてきた家族、同族、親戚、マキ内、村人、あるいは彼らとともどもに行ってきた春秋の祭や、年中行事、冠婚葬祭、儀礼、組内の義理、つきあい、共同労働や共同慣行、もしくは彼らとともどもに土地に即して語り信じてきた伝説や禁忌やことわざ、そうした生活の万般が、土地と建物を中心に有機的にかかわり合い、からみ合っている、その伝承的、類型的な生活と文化そのもの、すなわちことばをかえていえば「郷土複合」とでも名づけるべきものなのである。そしてここにおい育ち、それを身につけてきた自己の人格、心性の自覚と反省の上に意識されてくる感情なのである。

「われわれ」の意識

しかしこうした自覚や意識は、人によって必ずしも一様ではない。通常伝承文化が生活の全面をおおい、他を知ることなく同じ土地に生涯を送る人々には、かえって郷土の意識は浮び上がってこないのである。それは疑いもなく郷土を離れるか、自分の土地柄、生活ぶり、もしくは人間の型を反省するか、他と比較するという手続きがはいっていなければならない。

都会は人間さばくである。われわれは隣近所に住む人々がどんな素性《すじよう》の、どんな職業の、どんな家族を持つかに深くかかわり合うことはない。三分おきに何千という人がひしめき合って、国鉄にゆられて都心へと運ばれていく。町は人の流れが帯のようにつづいている。しかし人々は見知らぬ人とめったに話もしなければあいさつもしない。孤独の感は、大都市の生活においていっそう痛切である。社会は権利と義務、利害と打算によって動いているようである。職業はたがいの領分を確立している。こうした世界に身をおいて、はじめて人はふるさとの持つ親近性を感得する。一族縁者はもとより、村のたれかれの家の素性も系譜も知り尽くし、事があればその米櫃《こめびつ》にでも倉にでも手をつけ、道で会えばたがいにあいさつし、同じ方言を話し、同じような思考の型を持った人々の集まりである故郷。それは他人でありつつ、自己の内面に深くかかわり、自分はまた他人の内面に深く入りこんでいるという意識。これが郷土を思う心を成り立たせている。だからその心情は個人によって濃淡強弱の差がある。故郷と本籍地はここではっきり区別されてくる。

たとえば同じく父祖の地、墳墓の地といっても、はじめて郷土をはなれた第一世代と第二、第三世代とでは、郷土に対する心持や態度は同じではない。また同じ一世代でも郷土を離れた年齢や事情によってても差異がある。二、三世代でも郷土と家族や親族のあり方によってまた同一でない。だから日本人は郷土への執着心が強いといっても、それは主観的要素やいろいろの条件差があって、一概に論ずることはできないのである。

しかし概していえば、孫や曾孫《そうそん》の代となれば、郷土は本籍地ではあり得ても、もはや「ふるさと」ではなくなっている。墓が残っている以上お参りに帰省する機会はあり、遠い親類縁者との交通も保たれているとしても、そこは自身すでにまぶたにむなしく描くに過ぎぬ曾祖父母、高祖父母たちの過去の生活の場であったという、あわい感懐を残す歴史的遺跡である。主観的に郷土にすがり、唯一無上の「ありがたさ」、親しさを持って迫ってはこないのである。いわば客観性が主観的情緒を上まわってしまっている。

こう考えてくると、郷土への執着心の根底には、文化と生活を紐帯《ちゆうたい》とする「われわれ」の意識がなくてはならないということになる。この意識を、とくに取り上げて考察したのは、アメリカの人類学者グレアム・サムナーである。彼は例を原始的な素朴な自然社会にとって、そこに個人をとりまく基礎的社会に二つの種類があるとした。その一つは彼の表現を用いれば Our-group, We-group, In-group, Ourselves, すなわち「仲間うち」「われわれ」集団であり、他はOut-groupsすなわち「仲間そと」集団である。この「われわれ」の意識を基礎にして成立する集団は、もちろん家族とか同族といったサブ・グループスを包括した単位であり、コンミュニティとかゲマインシャフト（協同体社会）の原形と考えられるものである。そしてこれが「仲間うち」として意識されるためには、そこに血縁、隣保、協力、婚姻、有無相通などの関係が存在し、これが彼らを一つに結びつけ、他集団から隔絶するゆえんとなっている。仲間うちは常にたがいに平和と秩序を保ち、また法律、政治、経済その他万般の文化と生活の関係において存在しているが、「仲間そと」の集団とは、一時的な協定とか条約による以外は、常に敵対、略奪の関係にあるのだとしている。

この原始的な集団意識は、すでに述べた伝承性にささえられて特有の生活型を打ち出し、それによって支持採用される文化物質を持つ生活類型と精神的類型によって維持される。生活型は象徴であり、生活体験と体験価値を持つものであって、一般に社会的遺伝と考えられ、文化物質は生活手段の用具であって、社会的遺産と呼ばれる。社会的遺伝は伝承過程であり、機能的部分として伝承する作用であって、社会をまってはじめて行われるものであるから、広い意味での社会的習得過程ともいえる。

この社会的習得過程は人々をその社会の一定の生活型、人間型にはめこむ作用をし、これに対して協同社会内の人間は、その適応性すなわち模倣、暗示、同調、同化の性格によって、この社会的行動と表象のメカニズムの中に流し込まれ、その社会に適合した人間型に作り上げられていく。社会が人間行動の自由をいかに強く規制しているものかについては、C・F・フォードのおもしろい報告がある。彼は現存の二十五種の異質文化をもつ未開社会について、この問題を調査したが、その結果、一〇〇パーセント自由に放任される行動は、わずかにつばを吐く、おくびをする、せきをする、顔を紅潮させる、身震いする、あくびをする、またたきをする、など十五種類を数えうるに過ぎないとし、他の行動はすべておよそ八パーセントから一〇〇パーセント、型にはまった行動制約を受けていると述べている。

こうした行動制約のメカニズムは、地理、歴史的の制約と、体質的、言語的の制約によってさらに固有なものとされる。言語的、体質的な制約は、生活様式の上で諸観念の類似に導きやすく、地理、歴史的制約は生活様式の上で諸行動の類似に導きやすい。そしてこれらの制約年代が長く、かつ孤立して成長してきたような集団では、伝承度は強固であり、特異な文化形質を持つ社会集団と集団的人格を形づくる。これが住民相互の精神的紐帯をなすのであり、伝承事物を永続させる契機をもなすと見られる。

郷土色、郷土性というものはかくして形づくられ、その意識や自覚が、それらを「われわれ」と呼ぶにふさわしい親近感に導くのである。

われわれが旅行してしばしば経験することは、汽車を本線から支線に乗り換えたとたんに、車内の雰囲気《ふんいき》がいちじるしく違ってくるのに気づく。ほお骨とか顔の輪郭とか、骨組みやからだつき、といったものが、なんとなく似通った乗客がめっきりふえ、人々がたがいにおしゃべりをする声が高くなってくる。それがみな一様に共通した発音《プロナンシェーション》や抑揚《イントーネーション》やアクセントをもち、特有の感投詞や接尾語や方言をまじえた話し方をしている。これらは集まって地方色をなすのであるが、それは住民の血縁的構成や風土的影響や文化的、社会的遺伝や変化が、地方的に孤立して集積されてきた結果である。したがって距離が遠くなるほど、この現象はいちじるしい差を持ってくるし、また地勢の上で孤立しやすい地域、半島、峡谷、高原、盆地といった所がことに強い特徴をもつ。

言語の同一ということは、血縁、地縁の意識にもまさって、共同感を強くするものであるが、語原的には同じ日本語でも薩摩《さつま》（鹿児島）の人と津軽《つがる》（青森）の人とは、お国なまりで話し合ってはたがいに意志は疎通しない。沖縄の人々のことばは、ちょっと聞くと外国語のように響く。国の端と端を例にとらないでも、孤立のあり方によっては、距離は近くても同様の変化が見られる。薩南群島では、晴れた日には海岸から隣の島影をながめることができるが、しかしそれはほとんど外国である。もっと極端なのは周回何キロという小孤島で、ほんの峠を越した隣同士の村で、もうことばの通じにくい例さえある。そうした土地では体質の上にも若干の特徴があって、島の人が見れば話しをしなくてもあの人はどの村、この人はどの村の出身ということが一目でわかろう。

この差は言語や体質の上に象徴的な形であらわれ、人々に印象づけるのであるが、それだけの個別した現象ではなく、およそ複雑な全生活、全思考、全感情の型として、村ごとの、集落ごとの、あるいは地方ごとの差異なり変化なりがあるのだと見てよい。これを古くはカタギと呼んでいる。それは単に気質、気風などとあらわされる以上の複雑な全体的ニュアンスを持つことばであり、村カタギ、地方カタギの存在は、ずいぶん古くから認識されてもいたのである。それは村落なり、さらにもっと小さな生活協同体が、すでにそれぞれ固有の集団的パースナリティを備えていることを意味している。

カタギが外部に対してあらわれる時は、村落意識とか村落感情となって、いろいろの歴史的因縁をたどって、村落間の対立や緊張関係、あるいは融和、親近の関係を作り、それらが村の祭や年中行事のような象徴を通して発現されてくることは多い。これらの対立緊張には水争いとか境界争いとかの、経済問題や政治問題にからむ利害から起るものもあるが、移住年代の差や事情、また生活様式や思考形態の差によるたがいの反発に基くものも多い。

したがって村落意識は内部に向かっては強い統制力となってあらわれる。村落の構造によって一様ではないが、そこには歴史的なリーダー・シップのもとに、それが宗教的なシンボルによって精神的にも権威づけられて、固有の生活型が強制される。この村落的パースナリティに順応せず、そのリーダー・シップに服従し得ない個人は、その社会の成員たる資格をはぎとられる。終戦後一時しきりにジャーナリズムに取り上げられた「村八分《むらはちぶ》」の慣習は、これである。そして原因は単に封建遺制とか、村のボスの横暴というよりは、そのリーダー・シップのもとに団結している集団的パースナリティと統制力の強靭《きょうじん》さが、長い歴史過程を通して変形しつつ残存し、それがくずれて種々の弊害を生ずるにいたったと見るべきではなかろうかと思う。

すでに前項でも述べてきたように、わが国の村落社会のイングループ的性格は、特に近いころまで典型的な姿で保存されていた。それはおそらく、わが国の村落の立地条件がその地勢風土の関係から、いちじるしく孤立的な形をとり、自給自足的な小集団社会を形成して、日本が全体として島国であるだけでなく、その上に村がそれぞれ独立した島嶼的性《とうしょてきせい》格《かく》をもっていること、またきわめて古代から強固な定住農耕生活にはいったものが多く、それがほとんど家畜を使用しない集約的な手耕的な小農法を営んできた生産形態にも負うものであろう。

こうした村落にあっては、その生産過程においても、外部からの有形無形の侵入者に対しても、台風その他の災害に際しても、できる限りの人間労力を結集し、一つの中心に集約しておかなければならなかったのである。今日の日本の村落がいくつかの血縁集団としての家族、地縁集団としてのクミやマキ、あるいは同族の集団を構成し、それらが一つ一つ共同の神社や祠《ほこら》、共有の墓地を有し、本家分家、親方子方、名主名子などの本末上下の関係、寄り親、名付け親、ヘコ親、宿親、烏帽子親《えぼしおや》、仲人親《なこうどおや》、カネ親、トリ親など、通過儀礼にまつわる多数の「仮親《かりおや》」の風習による義理上のオヤコ関係、年寄、若衆などの階層関係を通して、職能分掌とともに、何ほどかの政治的、心理的な組織をつくり、経済上のアウタルキーと文化上の共通意識の上に、一個の孤立、封鎖の集団の形態と性格を現在までのこしてきているのは、その一つの証拠とすることができよう。

この血縁あるいは地縁による仲間うち集団は、それが独立して存続しうる限り、その成員にとっては、そのコンミュニティが一個の世界であり、世間のすべてでもあった。そして集団の凝集力が強く、かつ孤立性の強い所ほど、血縁的すなわち体質上、風土的すなわち文化上の、適応、遺伝の濃い影響を受け、特有のものを作り上げてきている。この農村的コンミュニティの基礎構造は、今日東北地方と西南地方および中部山間地帯などに比較的濃く残っている同族社会にあるといわれている。ここには本家を中心にして、その父系をたどる血縁分家と、非血縁の奉公人や譜代百姓などの取り立てられて一家を創立した分家、別家とからなる家の集合体であり、本家の統制と分家の帰属関係が、共同の神の奉斎、先祖講その他の信仰的結合、墓地寺院の共同などの象徴によって宗教的に維持され、実際的には分家の本家に対する労働力の供出と義理観念、本家の分家に対する経済上の援助と被護観念の存在によって実践的に保持されている。

この家連合の社会単位は、おそらく古代氏族制社会にまで糸を引くかと思われるが、それが日本の農耕社会として、もっとも自然環境に適応し、生活様式としてもっとも必然性をもつものであったと見られる。というのは、同族集団の発達しなかった地方、またその崩壊した所には、同族的擬似形態が起っているからである。親分子分、親方子方の制度はその一つであり、それが特殊の職業集団にもち込まれてさえいるが、その場合も単なる技術上の徒弟制たるにとどまらず、そこに本家分家、親子関係という特殊の統属、奉仕保護の強い紐帯の存在が久しきにわたって存続しているのである。近世の京大坂、江戸の商家に展開したのれん分けの制度も、一種の仲間うち集団であり、決して単純な同業組合ではない。本家や親方はその経済的な負担や採算を度外視した援助を別家なり子分なりに与えて、その生活に全面的な責任と義務を負うている点は、農村的同族団型の、都市商人階級への導入と見ることができるのである。

郷土型の人格

明治以後の日本は、その世界史的な圧力によって、急速な近代化と資本主義機構への転換を余儀なくされてきた。その結果、農村人口の都市放出、人口増加がいちじるしくなり、多数の新興商工業都市が興った。このために、わが国の農村を中心に成立してきた伝承文化、これに養われた人間型は、社会の急転回に伴う混乱をまぬかれなかった。この変革はきわめて急激なテンポをとって推進されてきたことは、イギリスの産業革命以上であり、いたるところに新しい環境へのマル・アジャストメント(不適応)現象と、精神文化と物質文明とのあいだの「ずれ」、「おくれ」の現象とをあらわにしている。やがてはこの新しい社会環境に適応した新しい生活心意や態度が築き上げられるであろうけれども、過渡期の弊害は今日の都市の世相によくあらわれている。

つまり郷土をすてて都市に集まってきた人々は、新しい都会の生活のモラルとタイプ、モデルといったものが確立し得ないままに、その味気ない人のさばくの浮草のような生活を、それぞれの郷土性を導入することによって、かろうじてささえていこうとしている。つまり農村協同体の植物性の社会構造や文化伝承や人格の型が、そのままに流動的ないわば動物性の都市機構の、権利義務の主体としての個別的人格によって構成せられるべき利益社会のなかにもち込まれてきている。そのいちじるしいものは親分子分や派閥が郷里や血縁、姻戚関係、学校その他を母胎として、あらゆる制度社会の面にもち込まれていることである。

日本では郷党、門閥は一つの実体をもつ社会である。県人会、同窓会なども単に友情をあたため、楽しい過去の思い出を語り合うだけの機会という以上の意味をもち、現に利用価値をもっている。ルース・ベネディクトが『菊と刀』のなかで論じている義理、人情の世界は、まさにこのような農村的同族団型に発し、さらに前近代的商家や特殊社会内に変形して採用されてきた擬似形態を通し、日本の初期資本主義社会のなかにまで尾を引いてきた郷土型人間の特性をついたものである。

この郷土型人間には、先にあげたように、一つの社会において、その伝承の体現者であり、集団の生活型、思考型の代弁者であり、秩序の維持者、権威の象徴であるリーダー・シップと、これに従属し、奉仕することによって自らの生活を持続し、その被護のもとに栄達を得ようとする従属型＝子分型の二つがある。そしてこれらが集まって社会機能のなかに多数のサブ・グループスを作っている。

日本人の団結力の基盤にはこうした小社会結合の要素があり、道徳意識、処世観、ないしはエチケットの根底もここに由来している。つまりそれらは「仲間うち」の社会においで形成され、伝承され、洗練されてきた。だからそれがより広い一般社会、ゲゼルシャフトにもち込まれてくると、勢いいろいろの障害を起すのである。郷党《とうや》、同窓、親戚、職業仲間といったサブ・グループにおける義理、人情によって訓育され陶冶された人格は、包括社会においては党派的自己心となり、社会道徳の欠如ともなる。他人をつき飛ばして仲間の利益を計ってやる。よるべき集団や仲間から離れている時には、集団的利己心は露骨な個人的利己心に肩替りしてくる。とかくフェアプレーで物事が行われず、手づるとか顔とかが大きな発言権をもつのも、一つの党派的立場にあるとき全く個人が無になってしまう人格のパルタイ的変貌傾向《へんぼうけいこう》も、日本人の近代化に逆行する大きな障害をなしてきた。自己を主体とする人格形成、責任の主体としての自己確立がいちじるしく遅れているのは、またここに原因があるといえよう。

農村型のリーダー・シップと従属性とによる社会構成の変容拡大は、多数の民衆を他人の顔色をうかがい、群れの意見に敏感で容易に自己を主張せず、多数の動きに便乗して自分の利益を守ろうとする性格を作り上げた。ここからは往々リーダー・シップの異常高揚、すなわち英雄主義や独裁主義が芽ばえ、全体主義と統制主義が根づきやすい。そして他方、指令や指導要綱が示されなければ、何をしていいかわからないという多数の日本人を生んでいる。

日本が全体として島国であり、村落社会が本質的に一個の島嶼的な封鎖的性格をもって成長してきたことは、一面に日本人を内観的、保守的な、寛容性と順応性にめぐまれた、そして団結力の強い、民族性のいちじるしい国民に仕上げてきた。ここから生活文化、宗教、芸術、文学のすぐれた成果も生れてきた。しかし他面、自我を主張して郷土にいれられぬとなれば、その島嶼的性格は人々に生存の自由の天地を遮断《しゃだん》していた。協同社会の外は海であるという宿命は、日本人を強く郷土および郷土的擬態に結びつける結果となり、同時に郷土的人格を形成させる素地ともなった。

ふるさとの象徴

青雲の志に燃えた明治の青年は、好んで「骨を埋むるあにただ墳墓の地のみならんや、人生いたるところ青山《せいざん》あり」と吟じたものである。遊学や技術の見習いに、感受性の鋭い年ごろを、家郷を離れて、都会の他人のなかに孤独の生活を送る時の堪えがたいノスタルジアを、しいて社会的栄達の夢によって打ち消そうとする、ひそかな努力の半面がうかがわれる。

江戸時代に盛んとなったらしい「藪入《やぶいり》」の風習も、家郷を離れて都市の商家や武家に奉公する少年たちがふるさとを思い、ふるさとを取り巻く生活や行事をなつかしむ心情をいとおしむ主家の人々の心やりから起ってきたものといえよう。ヤブイリの語義、語原については、どの辞書を見ても、「藪は草深き義、都より草深きいなかに帰る意なり」などといった類の解釈しかなく、シナの正月十六日の走百病、放偸《ほうとう》の古事、あるいは七月十六日の伊勢のツト入、近畿《きんき》地《ち》方《ほう》五月五日の牛のヤブイリの風習などをもって起原とするなど、すべてこじつけの説たるをまぬかれない。しかし西鶴《さいかく》、太祇《たいぎ》、其《き》角《かく》などの作品には、しきりに藪入《やぶいり》の語があり、近世の中ごろには京坂および江戸に、このことばと風習が一般化していたことが知られる。『近世風俗志』〔二十三〕などを見ると、この時代には江戸と京坂では多少異なり、江戸では宿下《やどさが》り、出番《でばん》などともいった。そして通常一月十六日と七月十六日がヤブイリの日であった。『世事談』〔百二十四〕によれば、昔は正月十六日に限ることで、後には七月にも暇を与え、春秋二度になったという。そして都市の藪入は、もう帰省の意義は失って、幼男婦女は芝居見物、番頭どもは花街の遊びをもっぱらとするにいたって、単純な慰労休暇とも考えられてきている。

しかし藪入の最初の正月十六日は、畿内地方《きないちほう》では、昔は前年嫁にいった女が、次の年のこの日にその生家に帰る習わしがあり、この時必ず餅《もち》をついて祝い、十六日の餅、略して六の餅、六入とも呼んだ。また鹿児島県では正月十六日の帰省をオヤゲンゾといっている。ゲンゾは「見参《げんざん》」のなまりであり、対面というに近く、休暇という以上の、必ずなすべき対面儀式であったらしい点は注意すべきことである。そして他方では、多くの地方で、やはりこの日を「仏の年越」とか、「仏正月」「仏の口あけ」「先祖正月」「鉦起し《かねおこし》」「後生始め《ごしょうはじめ》」「真言始め」「念仏の口あけ」などと名づけて、正月後はじめての墓参りの日、仏壇に仏供や餅を供える日、はじめて寺に集まって、念仏や真言を唱える日としている。沖縄《おきなわ》では、前の年死人のあった家では、ちょうど内地の盆と同じく、正月十六日に死者のために祭を行い、十六日灯籠《とうろう》というものを上げる風習があるといわれる。

こうした諸例から考えてみると、この日は盆の十六日などとも関係があって、民間の先祖祭、魂祭《たままつり》の日であり、単に生きている両親を見舞い、ごきげんをうかがうという以上の、もっと厳粛で神秘な、宗教的の意味合いをもっていたのではなかろうか。したがって藪入がまず正月十六日に始まり、後に七月十六日が加えられたというのも、単なる偶然とか思いつきだけのものではない、もっと古い伝承から導かれたものであることが推定されるのである。

筆者はもう十年ほども前に、長野県諏訪神社《すわじんじゃ》の御柱祭《おんばしら》を調査にいったことがある。七年目に一度というこの御柱祭は、十五メートル余りのモミの大木を上下両社合わせて十六本も引き出し、さし立てる豪壮華麗な大祭で、戦争末期のあわただしい世相ではあったが、諏訪はにぎわい沸き立っていた。道を歩いていると、どの家も大戸をあけ放ち、障子唐紙《からかみ》もはずして、座敷には毛氈《もうせん》などを敷き、遠近の親類縁者でもあろう、着飾った娘さんたちも色とりどりに、ごちそうをかこんでなごやかに集まっているのが見られ、いかにもこの大祭にふさわしい印象を与えられたのを今に忘れ得ないでいる。お木引きの見物のなかには、この祭のために帰省していた諏訪出身の友人知己のたれかれにもめぐり合ったりした。

氏神の祭が、氏人の必ず家郷産土《かきょううぶすな》の地に帰り、神に見参し、先祖を拝し、親や親族との交わりを新たにする正式の儀礼であった証拠は、すでにさかのぼりうる限りの古い文献のなかにもあらわれている。奈良東大寺正倉院文書のなかにも、奈良時代末の写経生などと思われる下級官吏が「私神祭祀」「私氏神」「氏神祭」の名の下に二日から五日間ぐらいの帰省休暇を申請した文書数通が保存せられている。平安時代にも『続日本後紀《しょくにほんこうき》』や『三代実録』のなかに、京都に在住していた小野氏、粟田《あわた》氏、春澄氏、山背《やましろ》氏などの公家に対して、その氏神の春秋の祭には官符を待たずしてその本郷《ほんごう》に往還することを許し、あるいはとくに往復の旅費を官給した記録がある。また『類聚三代格《るいじゅさんだいきゃく》』寛平七年十二月三日の太政官符には、諸氏の氏神の、毎年二月四月および十一月の祭に際しては、畿内畿外を問わず、申請あらば直ちに官宣を下して本居の地に帰還するを許す例のあったことが明記されている。

春秋の神社の祭、盆正月の家の祭に、遠く出かせぎにいっている者、他郷に寄寓《きぐう》するものが、親里や故郷の本家や一族の所へ帰ってくるとする風習は、単に歴史的なものだけでなく、また特殊な地方だけのものでなく、全国の村落社会には依然として根強いものがある。そして祭礼や盆正月に家を開放して親戚一族のたれかれを招き迎えるというのも、久しい儀礼風習として今日も残っている。このことについてはすでに柳田国男の『日本の祭』や『先祖の話』のなかにも詳しく説かれている。

今はなくなったらしいが古く「モズ精進《しょうじん》」で有名であった大阪府下百舌鳥《もず》村では、以前正月の三カ日は肉食を断《た》って精進し、外来者に接せず、夫婦の交わりも慎しんで、清浄にこもっている厳重な忌日《いみび》の慣習が久しく守られていた。この期間には村から外に奉公に出ている者も必ず帰村して斎戒《さいかい》することになっていたので、奉公に出る時は、この三カ日の帰村を条件にして契約をする風習があったという。

村外に材料と得意を求めて活躍し往々土着して一村落を形成した木地屋の集団も、彼らの祖小野宮惟喬親王《おののみやこれたかしんのう》を祖神とする由緒書により、その伝承的本拠地である滋賀県小椋村《おぐらむら》の村の鎮守から免許状や鑑札を受けて故郷との縁を保ち、またその親王講を中心に帰村する慣行があったことは有名であるが、魚群を追って遠く沿岸を東西に出漁する人々も、祭か盆には必ず村に帰ってその祭や行事に参加し、それを機会にいろいろの取りきめや用件の処理を行うのが一つの折目《おりめ》となっている。

和歌山県雑賀崎《さいがさき》（現・和歌山市）の漁民は鯛釣漁《たいつりりょう》で西は九州から東は関東地方沿岸まで遠征し、その名を知られた人々であるが、年に正月と盆と、氏神祭を中心にする組合の総会には必ず帰村する習わしが堅く守られている。ことに氏神祭の総会には、どんなに遠くに出漁していても漁をやめて、万難を排して帰ってくる。海が荒れて船でだめな時は、船を乗りすてて陸に上がってでも帰らねばならぬとされている。

東は岡山県牛窓《うしまど》（現・瀬戸内市）方面から小豆島《しょうどしま》、西は九州小倉の平松浦にわたり、四県十二郡三十カ村にその子孫を分村し、一時は朝鮮南部にまで定住していた広島県幸崎町能地《のうじ》（現・三原市）の漁民は、異郷進出の第一人者と目される勇敢な人々である。しかも彼らは、出かせぎ漁の場合は、年に二度、正月と盆にはどこにいても帰村する習わしがあった。正月に十四日から二十七日までのあいだに「名替え」すなわち元服が行われるためであった。盆は十三日に帰るが、二十日から約一カ月がフナドメであって、この期間は必ず郷里で過ごさねばならぬとされた。この盆正月二度の船止めのあいだに、貸借金の始末、結婚、法事、講など万般のことをすませ、新たに人の雇用なども契約された。このあいだは各戸四斗だるを据えて飲んだものだという。

また彼らは出漁中はもちろん、それぞれの浦に分村移住したのちも、死ねば必ずそのなきがらは親村の能地に運び、彼らの檀那寺《だんなでら》である善行寺の過去帳に記載した上で、そこに葬るを例とした。むかしは三丁櫓《さんちょうろ》、四丁櫓で押して、遺体は防腐のためおしろいを塗り、黒がめに入れて塩づけにして保存してこぎ運んだ。そして葬式をすませてそのまま葬るのであるが、死人を積んだ船は旗をあげず、波戸《はと》の外に停船して中にはいることができなかったので、すぐそれとわかったということである。

おそらくもっとも勇敢な雑賀崎や能地の漁民たちも――いや、そうした常に故郷の地をはなれて漁に明かしくらし、あるいははるかの浦磯に船がかりし、分村移住して、家郷を見ぬことが久しいからこそ、彼らはその「ふるさと」のシンボルである祭において、いかなる困難をも排して古里に帰り、死してついに必ず親里の土に帰ろうとするのであろうか。それは単に自己の生れ、祖先の住みついた土地という生物学的、社会的認識に基く感情のみによってそうなのではない。実にそれは魂の親里とする意識が強くこの慣習を支持していると見られはしないであろうか。だからその親里に自己の肉体と魂を埋めることによって、さらに先祖と子孫との精神のきずなたらしめようとの、本能にも近い感情が流れているのであろう。そしてそこに肉体上の祖先から両親へ、また生れ落ちてから以後の社会の中にもった幾とおりもの仮親のなかにはぐくまれ、育てられてきた日本の村人たちが、やがては自らもそのオヤのひとりとなり、多くの子を生み、育て、保護してきた生涯を、こうしてふるさとの親元に帰り、オヤたちと一体のものとなるという心のやすらぎが、彼らの生活を根強く、安定したものとしてきたのではなかろうか。だから親里は、いわば彼らの他界であり、極楽でもあり得た。そして安心立命の根拠でもあったわけである。日本人の霊魂観、他界観の中心にある祖先崇拝、氏神信仰は、かくして郷土性のなかに芽ばえ、そこにはぐくまれて、人々の魂のふるさととなり、ふるさとのシンボルとなってきたのではあるまいか。

五　日本人の生活の秩序

農耕の推移と生活のリズム

法律、身分制、その他種々の社会制度など、いずれも生活の秩序をささえる大切な要素であるが、そうしたいわば上から作り定められたものでなしに、ここでは卑近な日常生活の面において、日本人が長い歴史のあいだに自ら形成してきた生活の秩序を考えてみることにする。この種の生活の秩序は、文化的遺産の一つとしてつぎつぎに引き継がれてきたものである。もちろん人間の歴史には、技術の進歩があり、交通の発達があり、そのため過去の生活が少しも改変を受けずに、そのまま現在に受け継がれるということはない。しかし人間生活の基本的な部分で、かなり長いあいだ変らずに残るものがあることも、また事実である。ここで取り上げる生活の秩序なども、伝承される事象の中では、基本的な部分であり、したがってあまり改廃を受けずに残りやすい性質をもっているということができよう。しかも人間は通常伝承される方式に従って生活することが気楽であり、安全であるところから、この種の生活の秩序は、だいたいにおいて各世代を通じて守られ、つぎつぎに伝えられてきた。

日本人の生活の秩序をささえてきたものとして、まずあげなければならないのは、ハレとケとをきびしく分ける生活態度であろう。すなわち生活の位相をハレとケという相対する二つの面において区別し、常にそれを対照させながら日常の行為を律する態度である。ケというのは、普段とか常を意味することばである。そしてケの日すなわち常の日のあいだに、あたかも竹の節《ふし》のように、ところどころハレの日がはさまっていて、それがわれわれの生活に一種のリズムを与えている。ハレとケという二通りの生活は、一方が改まった特別の生活をさすのに対して、他方は常の生活を意味するということができよう。あるいはまた、それは聖と俗との区別であるといってもよいであろう。聖俗二通りの生活ということは、いずれの民族にも見られるところであるが、日本人の場合は特に顕著であり、この民族の特性の一つをなしているといってもよいほどである。すなわちハレとケとの区別は、きわめて厳粛であり、ケの日にハレの日の挙措があるとか、ハレのおりにケに属する物事を取り運ぶということは、厳に戒められてきた。

時の流れに従ってながめると、一年三百六十五日という織布を織りなしているのは、ハレとケの日である。ケの日が数において多いという点で、それは織物の地をなしており、そのあいだに織り込まれた文様がハレの日にあたっている。いわゆる年中行事と呼ばれるものは、一年の展相《てんそう》のうちに織り込まれている、このようなハレの日をぬき出して総括したものである。

年中行事ということばは、今では標準語になっているが、元来は中世宮廷において年々恒例として取り行うべき儀式の日を定めた表のことで、それがのちには行事そのものをさすようになり、次第に民間にも広く用いられるようになったものである。節日、節供（節句）ということばも、七・八世紀には公の記録に見えている。節句は節供と書くのが正しい書き方で、節日に神に供物を供えるがために、その日の行事が節供であったのである。しかし節という語は、古来中国で上元節とか端陽節というように用いてきているから、中国伝来の語であり、日本でも長いあいだ中央人の、もしくは公のことばであった。このような呼び方が普及する以前、民間では年中行事の行われる日のことをなんと呼んでいたのであろうか。これにはいろいろあるが、オリメという呼び方などは古いと思われる。沖縄あたりでは、今でもオイメとなまって使っている。オリメは物ごとの区切りを意味することばである。奈良県は一帯にトキオリといって、盆、正月、祭礼、その他農家の休み日をふくめて使っている。また京阪地方では、モンビといっている。紋付きを着るからだと説明しているが、これはこじつけの説で、モンビはモノビがなまったもので、元来モノイミすなわち神に対してつつしんで忌みこもるべき日であったことを示したものである。長崎県対馬《つしま》でイゴモリ、東北、関東の東側でカミゴトと呼んでいるのも、これとほぼ同じ意義をもっている。九州の南佐多岬《さたみさき》地方では、シバビといっているが、この地方では祭に際して、神をよりつかしめるためのサカキをシバと呼んでいるから、シバビが神事の日であったことが想像される。その他、土地によってコト、マツリ、オコナイなどのことばも使われている。

オリメとかトキオリという称呼には、時の流れのリズム感がよく表現されている。年中行事が、日本人の持つ時季の意識と深い関連をもって成立し、伝承されている点は注意を要する。日本人は他民族に比べて、きわめて敏感な時季意識の所有者であるといえよう。たとえば日記には、まず天候寒暖の模様を記し、手紙にははじめに時候のあいさつを述べるといった類から、わが国独得の文芸である俳諧で、季《き》を詠《よ》み込むことが重要視されているなど、数多くの証拠をあげることができる。しからばこのような時季の意識をうながし、体感させるものはなんであろうか。それは主として日本人を取り巻く自然の運行推移であり、そうした自然の動きに規制される農耕生活の推移であろう。わが国の農耕には種々の農法が存するが、古来もっとも主要なものは、水田における稲作である。農民の生活と社会も、この稲作を中核として一カ年間の展相を示しているということができよう。稲作は、その生産過程が、時のリズム感をとりわけ鋭くさせる性質のものである。このようなリズムによって一年間がいくつかの節に分けられ、そうした節々が主要な年中行事を形成しているのである。さらに古風な考え方では、稲作は単なる技術の問題ではなく、たぶんに信仰的要素を含んだものであった。すなわち生産過程の折り目折り目に神を祭ることによって生産の順調を祈願したのである。このような傾向は古代にさかのぼるほど顕著である。したがって年中行事は、一年間の生産過程における折り目ごとに、静かに忌みつつしみ、家ごとに神供を設けて神を祭り、それを神と人と相ともにいただくということを中心として成立した行事であるということができる。年中行事の行われるハレの日が、モンビ、イゴモリ、カミゴト、シバビ、マツリなどと呼ばれる理由もここにある。

年中行事のハレの日は、心身を清浄に保つことが要件の一つであったから、土をいじったり、下肥を扱うことは忌まれた。したがって結果において仕事を休む日になるわけである。かようにハレの日に即して休み日があったのである。「怠け者の節句働き」とか「フユジの節句働き」ということわざが各地にある。今では学生などがふだん怠けているくせに、試験前になってにわかに勉強するのをひやかすことばとして使われることが多いが、本来の意味は、仕事を休んで神祭をすべきハレの日に、田畑に出て働く不届者《ふとどきもの》をわらうことばであった。フユジとは不精者《ぶしょうもの》のことだとされているが、もとは精進しない者、すなわち忌みつつしむ度の低い者ということであろう。農村の休み日は、かつてはハレの日であるがゆえに仕事をしてはならないというつつしみが、何もせずに休んでもよいというように変ったものである。祭の日に働くとハブにかまれるといういい伝えが沖縄にはあるし、地方によっては、休み日の禁を破ると村の若者たちがその家を襲って屋根をはがしてしまうという伝えのところもある。新潟県蒲原《かんばら》地方《ちほう》では、休み日に働くと天狗様《てんぐさま》を下すといっ

庭田植（予祝祭）　正月に田植姿でワラと豆ガラで庭田植をする（秋田）

て稲をかけたハザの縄を切られてしまったそうである。対馬では、イゴモリには村全体で仕事を休み、家で謹慎することになっているが、この日に町へ買物にいったりしても、「イゴモリに働くやつがあるか」と、非難の心持をこめてかげ口されたりする。イゴモリに働いたために、村人から「おまえは働きに出ることはならぬ」と、共同の網漁の仲間をはずされたという話もある。つまりハレとケとをきびしく分ける風習は、かつては村落社会の安寧を維持する上に必要だと考えられていたのである。

　土地によって多少の違いはあるが、一年を通じて休み日の数は四、五十日にも及んでいる。そうした休み日の中には、はじめから休養、慰労の目的から設けられたものも含まれてはいるが、大部分の休み日は、前述のように神事の日に由来するものと断定してまずまちがいがない。一年間における休み日の配列を調べてみると、その基本的なものが、予祝祭、除疫祭、収穫祭といったように、農耕の展開を基礎にして、その折り目折り目に分布していることに気がつく。そしてそれが同時に、年中行事の中でもとりわけ重要な日になっているのである。

繭玉餅（予祝祭）　餅を繭に見立てて神だなに飾る（秋田）

　年中行事が月のいつをヤマにして営まれるかをながめると、これにも全国に共通した傾向が認められる。まず三月三日、五月五日、七月七日、九月九日というように、月の数と日の数を重ねた、いわゆる重日《じゅうにち》に行事が営まれることが注意をひくが、重日を重んずる思想は大陸文化の影響であって、それが日本民族に固有な行事に習合したものと解される。ついで旧暦で各月の朔日《ついたち》と十五日、また七、八日や二十三、四日というのが共通している。これらの日は、月の形がふくらみ出すツキタチ（ツイタチ）の日や満月の日、上弦、下弦の日である。このうち朔日に行事が営まれるのは、文字暦の知識が普及した結果であって、古来のものとは考えられない。文字による暦が普及し、よりどころとされるまで、常民は月の満ち欠けを標準に、日《か》（コ）を読んできたのである。コヨミとは本来そうしたものであった。したがって行事のおもなものは、望《もち》の日、ついで上弦、下弦の日というように、月の形の印象の強い日を選んで営まれてきた。満月の夜は、特に印象的であるところから、これを中心とする行事に力を入れたことは、一月十五日の小正月《こしようがつ》、七月十五日の祖霊祭の例を見てもよくわかる。

すなわち農耕推移の折り目に神を祭るにしても、なんらの基準もなく、散漫な日に行ったのではなく、月の運行にかけて行事を営んできたのである。そしてそうした行事の営まれる日は、ハレの日であると同時に休み日でもあり、その律動的な配置は、いわば生活に一定のリズムを与え、単調な生活にはずみをつけてきたのである。明治以来西欧の七曜制が採用され、日曜が周期的な休息日として官庁、学校、都市生活の基準になったが、村には右に述べたような、これとは全く違った生活のリズムが伝統的に保たれてきている。そしてこの農耕の推移に基く生活のリズムが、村落生活の秩序をささえてきたのである。

虫送り（除疫祭）　稲の害虫を人形に託して送る
（広島県山県郡新庄村）

人生の折り目

一年の展相のうちにいくつかの折り目があるように、人の一生にも幾段階かの折り目がある。誕生、成年式、婚姻、年祝《としいわい》、葬儀などがその重要な折り目であり、これがまたハレの日を成している。

まず誕生であるが、これは人が一生に経験する最初の関門で、これを通過するための儀礼がいろいろとある。出産すると直ちに、ウブメシあるいはウブタテの飯というものをたいて、産神に供えるとともに、生児と産婦にも供し、産婆や手伝人はもとより近隣の女衆にも食べてもらう習わしが広く見られる。できるだけ多くの人に食べてもらうほど、その子が成長したのちに大きな世帯をもつなどといって、一升以上も食べつくす場合もある。これは生児に大人と同じ食物を、形の上でいっしょに食べさせることによって人間の仲間に加

田の神の祭壇（収穫祭）　十二月五日に田の神が収穫を終って田から家へ帰ってこられるのを迎える儀式を行う（奥能登）

えてもらうとともに、誕生を村うちに認めてもらう手段と解される。出産の儀礼が、霊界から人界へと生児を引き移す承認を意味していたことは、出産をさすことばにもうかがえる。出産のことを、ヒキアゲとかコヤライと呼ぶ地方があるのは、赤子をこの世へ引き上げる、人間社会へ送り出すという意味をあらわしている。ついで三日目に、テヌキとかテトオシなどといって、手の通る着物を着せる祝がある。それまでは、いわゆるオクルミにくるんでおくのが普通で、この祝を境にはっきり人間の仲間入りが認められるわけである。このように人間界への加入の承認は、幾段にも分けて行われるのであるが、実際には出産以前にも一つある。帯祝《おびいわい》と呼ばれるものがそれで、通例妊娠五月目に行われる。間引きの多く行われた近世においても、帯祝がすんだ子は育てねばならぬものとされていたくらいである。すなわちこの祝は、生児の生存権の最初の承認であり、一つの重要な関門であったわけである。

七日目はお七夜といって、この日に名付け祝をするところが多い。一生のあいだ呼ばれる名前をつけられるのであるから、名付け祝は大きなくぎりである。親類知己を招いて祝宴を催すのが通例である。この祝宴をナビラキ、ナビラウなどと称するところが多いが、ナカマイリとかイトコナノリと呼ぶ地方もあって、名を披露《ひろう》することによってその存在が名実ともに社会的に認められるとする考え方がうかがわれる。

ついで宮参りがある。早いところではお七夜に、普通男児は三十二日目、女児は三十三日目に氏神に参る。氏見セとかゲンゾ（見参）参りと呼ぶ地方も多いように、この式は氏神に氏子として認めてもらう式で、神官が氏子札を与えるところもある。この際、わざわざ赤子をつねって、神前で泣かせるところがある。泣き声を氏神さまが聞いて、その赤子を見とどけてくれるもののように考えていたのである。

百日目には、モモカといって食初めの式をするところが多い。赤子に食膳《しょくぜん》を設け、赤飯に焼きざかな、それに歯固《はがた》めなどといって小石をそえて祝う土地が多い。「百日の一粒食い」といって、赤子にたとえ一粒でも食べさせるのが普通である。成人と同じ食物を食べさせて、じょうぶに育つように願う意味の式である。

満一年目にも、初誕生といって祝がある。誕生餅《たんじょうもち》というものをついて、親類知己に分けて贈るところが多い。

食初めの膳（岡山県高島）

初誕生が過ぎても、一人前の社会人として承認されるまでには、なお幾つもの関門をくぐらなければならない。土地によって年齢は違うが、通例三つぐらいの時にオビトキまたはヒモトキの祝があり、男児ならば五歳のハカマギ、これに対して女児は三歳の時にカミオキがあって、七歳になるとヒモオトシがあるなど、いずれもみな子供を成長せしめる儀式である。ヒモトキとかヒモオトシというのは、それまでひものついた着物を着ていたのを、この時からひものない着物に帯をしめるようになるからである。いわゆる七・五・三の宮参りは、都会の風習で、ことに今日のように三歳の男女児、五歳の男児、七歳の女児というように、きちんときめて宮参りをするのは新しい流行である。現在でも七・五・三という数に限らない土地が多い。もっとも各地に共通しているのは七歳で、この年ごろは災厄に会いやすいという信仰もあって、この年齢が成育の一つのヤマに考えられ、次の段階への折り目とされてきたことがうかがわれる。「七つ前は神のもの」ということわざもあって、七歳未満で死んだ子供は葬式も簡単にすます風習があり、また七歳という折り目までは「神の子」として神の依りましに選ばれる風習もあちこちにある。七歳の祝を境に、少年としての仲間にはいって集団的訓練を受けることになる。以前子供組の組織の整っていた土地では、それに加わるのがちょうどこの年齢からであった。

七五三の祝

ついで人生の重要な折り目として成年式がある。これは一人前の男女になったことを社会的に認められる式で、十三歳から十五歳前後に行われることが多かった。武家の元服はよく知られているが、それは古くから常民のあいだに行われていた成年式を武家風に改めたものである。民間では男子成年の祝のことを、タフサギイワイ、ヘコイワイ、フンドシイワイなどと呼ぶところが多い。タフサギというのはまわしの古語である。以前はこの時期を境にまわしを締めるようになったからで、これは成年男子として結婚の資格を備えたことを意味した。成年式をすますと、若者仲間にはいるわけであるが、若者組加入の式が、同時に成年式を意味した土地も広い。若者組の組織は、以前はほとんど全国的といってもよいくらいに広く分布し、現在でもなお残っている土地が少なくない。村の若者は一定の年齢に達すると、すべてこの団体に加入しなければならなかったのである。成年式をすませると、神事に参加することも許され、村仕事や共同労働に出ても一人前としての取り扱いを受けることになる。女子のほうはカネイワイということばが残っているように、鉄漿《かね》をつけたところが多い。鉄漿つけは、後世には結婚前後に行われるようになったため、既婚者の印のように考えられるようになったが、十三カネということばもあって、以前は一人前の女として認められる式であった。また男子にまわしを贈るように、女子には腰巻きを贈ることも行われたので、ユモジイワイ、ヘコイワイということばも残っている。男子の若者組加入に対して、女子はこれを機会に娘組に加入した。いずれにしても成年式は、この関門を通過することによって一人前として待遇され、また自分も一人前の村人として自覚するにいたるのであるから、人生の重要な折り目である。

成年式を終って一人前と認められた男女は、やがて結婚して一家の主人と主婦になり、村構成の一単位となることによって完全な村人となる。結婚を機会に若者組や娘組から退くのが通例であった。

次に、いくつかの年祝がある。男子の四十二と女子の三十三を厄年《やくどし》とし、厄難のある年として忌み慎む風習は、よく知られている。土地によってはこのほかにも、男子の二十五、六十一、七十七、八十八、女子の十九、三十七などを厄年とする習慣がある。年頭に親類、知己、近隣を招いて宴を張り、厄払いをする風習が多いが、また氏神に参ったり、くしとか銭など身につけているものを辻《つじ》に落して、厄落しとする習わしもある。厄年という考え方は、災厄をこうむるべき年というよりも、なんらかの観点から人生行路の折り目となるがゆえに祝う時期とされたものと考えられる。四十二歳の厄年には神輿《みこし》かつぎをするものだとか、六十一歳になると、祭の頭屋《とうや》をつとめるという事例が少なくないのを見ると、このような折り目を機会に、神事関係で何か役割を果す必要があって、厳重な物忌みが要求されるところから、災厄にあうことを恐れる年という説明がつけられたものと解される。知識人のあいだでは、六十一、七十七、八十八はそれぞれ還暦、喜寿、米寿の祝と呼ばれ、厄年としてよりもむしろ長寿を祝うという考え方のほうが強いが、人生の折り目であるがゆえに祝うという点では同様である。

人の一生の折り目は、葬礼という人生を閉じる日の儀礼で終る。

以上ながめてきたように、人の一生にはその成長の段階に応じていくつかの折り目があり、その折り目ごとにこれを意義づけるような印象深い儀礼が営まれる。これらの日の儀礼を総括して、フランスの学者は Rites de Passage すなわち通過儀礼とでも訳すべき術語を提唱している。通過儀礼の中には、ある個人に関係の深い親類、知己だけの集まりによって、ごくうちわに営まれるものもあるが、これまで述べてきたところからも知られるように、多くはなんらかの形で外部の多数の者の参加という形で社会の承認をうる趣旨で営まれるのが通例である。そして社会の承認をうるということは、一方においては氏神の承認をうることであり、氏神の承認を受けることが同時に村人の承認を獲得することにほかならなかった。通過儀礼がしばしば氏神との深い関連において営まれるのは、そうした事情に基くものである。

一つの関門を通過するごとに、社会的にも確認されるということは、一人前の村人として立つまでの過程において特に重要であった。このことはすでに触れたように、人生の開始である誕生に際して、産飯《うぶめし》をできるだけたくさんの人に食べてもらうという習俗や氏神への宮参りの慣行などによくあらわれている。結婚についてみても、当の両人の合意、家と近親からの承認のほかに、社会の承認ということが、絶対に必要な要件とされてきた。披露と呼ばれるものがそれである。披露といえば、酒宴を催して人々を招くことを想像するほど、そうした種類の披露が普通であるが、また聟《むこ》や嫁《よめ》が、村内組内をあいさつして回ったり、手みやげを配ることも広く行われている。これも社会的承認を求める披露の一種と解されよう。

人生の最後の関門である死に際しての儀礼も、それが社会的なものである点は注意されねばならない。喪家《そうか》に対して周囲の多くの家々が協力して、その葬送を円滑に運ばせることが、村人としての守るべき交際倫理とされている。村八分という制裁に処してあらゆる交渉を断った場合でも、葬式と火事の場合だけは例外で、村落の人々が協力してやるべきものとしているところが少なくないほどに、凶事における相互扶助は重要視されてきた。ほかのことには個人主義をおし立てることができても、葬儀に際しては、喪家の独力ないし親類の援助だけではどうにもならなかったのである。以前の村、今でいえば大字《おおあざ》または字《あざ》が、そのまま葬式組としてまとまって葬儀万般を手伝う習わしのところも多い。土地によっては村仕事の一つとして行っている場合も、かなり広範囲に見られる。また死穢に対する恐怖ないし嫌忌《けんき》の観念が、種々の方面に認められる。死穢が農作物にまで及ぶとしたり、喪家の火で、煮炊きしたものを口にすると死穢が感染すると考える習わしも広く認められる。こうした習俗は、死が社会的事実として集団の関心事であったことを示している。

以上述べた年中行事と通過儀礼とは、いわば恒例のハレの日であるが、なおこのほかに臨時のハレの日がいくつかある、新築、移転、さまざまな講の寄合、雨乞い、天気祭、虫送り、神参りした者を迎えるサカムカエ、旅立ち、旅帰りなどがそれである。これらの日にも、単調な日常生活を破る特別な日として、ハレの感覚と儀礼とが伴っている。

ハレとケの食物

ハレの日には心持が改まると同時に、食物も衣服も改まったものである。食物におけるハレとケの区別は特に顕著である。ケすなわちふだんの食物が、単にわれわれの毎日の生命をつなぎ養っていくためのものであり、ありあわせをもって間に合わせるのに対して、ハレの日の食物には、これを人生の幸福に役だたせようという積極的な態度が認められる。ハレの食物は材料、こしらえ方、食べ方などにおいて、ケの食物とは違《たが》えるのが習わしであるために、カワリモノとかシナガワリと呼ぶ地方がある。またそれは、いわば臨時の食物であり、以前はまれにしかこれを作る機会がなかったので、端的にトキドキと呼んでいる土地もある。

日本人の穀物の食べ方には粉、粒二様の食法があるが、これがだいたいにおいて食物におけるハレとケとの差別に相呼応している。粉食は穀物をいったん粉にひいてから調理するために時間と手数がかかるが、一方ではその形を好みのままに作れるという利点がある。粉食がハレの日の食物とされた理由は、おそらくこの二点、すなわち好みの形に作れるということと、手数をかけ念入りに作ったものをごちそうと感じる考え方にあったものと思われる。粉食の中でも粢《しとぎ》、餅《もち》、団子《だんご》などはことに重要なハレの食物である。これはいずれも米がなくては作れない点は注意を要する。そば、そうめん、うどんなどの麵類《めんるい》は、都市生活では代用食の部類にはいってしまったが、元来はハレに属する食物であり、村方《むらかた》では今でも餅や団子と同様に、ハレの日のごちそうと考えているところが少なくない。

粒食は、もとはケの食物であったが、のちにその一部はハレの食物のほうに移った。強《こわ》飯《めし》、赤飯《せきはん》、小豆飯《あずきめし》、味飯《あじめし》などがそれである。小豆は、色が赤く食物を染めるのが印象的であったためか、ハレの食物に広く用いられてきた。正月十五日、霜月二十三日に用いられる小豆粥《あずきがゆ》はよく知られており、餅にも小豆あんをつけることが多い。

そのほか、土地によっては、何か由緒があって神前に供せられたがために、その土地限りのハレの食物になっているという例も少なくない。そしてその差別が、必ずしも粉粒二様の食法と一致しないことはいうまでもない。

米、ことに白米の飯だけは粒食の中でも、ハレの日に傾いていた。稲作の起原はきわめて古く、古来日本人が米を尊重し、これを賞味したことは疑う余地がない。しかし国民のすべてが米を常食としてきたと考えるなら、それは事実に反する。なるほど近世以降、米食者の数は激増した。農以外の生業に従事する者の増加は、それだけ米を食う者の数を増したのである。しかし、米を生産した人々は、かえってなかなか米の飯を口にすることができなかった。国民の大半を占めた農民の主食としては、米に雑穀をまぜたもの、米に何かしらカテを加えたカテメシ、あるいは雑穀ばかりでさえあった。常食のことをケシネと呼ぶ土地は広いが、ケシネということばの内容は、地方ごとに違っている。岩手県では、ヒエがケシネであり、信越地方や北九州では雑穀をさす。さつまいもの流行は二百年そこ

みたまの飯　大みそかの晩ににぎり飯を箕（み）に入れはしをさして祖霊にそなえる（岩手）

そこであるが、これを主食とする地域もかなり広い。ことに水田にとぼしい島々に歓迎され、伊豆の青ヶ島、長崎県の五島列島、九州の南の島々などでは、これが主食の地位を占めている。長崎県対馬には「米の飯は親の年忌か正月か」ということわざがあるくらい、白米の飯はハレの日に限られていた。米が配給制度になってから、ハレの日以外にもたびたび米の飯を口にするようになったと語っている土地が少なくない。

魚も本来ハレの日に伴った食物である。魚を食べることは、ケの日には必ずしもやかましくいわないが、ハレの日には厳格にこれを要求する風習が見られる。現在でも交通の不便な山村では、遠く運ばれてくる海の幸《さち》を、ケの日にたびたび買って食うということは不可能である。それだけに特に重要なハレの日にだけは、なんとしても魚つきの食事をとろうとする傾向が強く見られる。神を祭り、神と相饗《あいにえ》するにはナマグサモノが必要であるという考え方は、国じゅうに行き渡っている。正月鰤《しょうがつぶり》とか五月魚とか田作りという呼び名は、この間の事情をよく示している。

酒もまた、古来欠くことのできないハレの食品であった。神祭に酒が伴い、結婚、誕生その他の祝いごとにも必ずこれが用いられることは周知のところである。酒が本来ハレの日に伴った飲物であり、一つかめでかもした酒を共飲することによって、相互の一体感を強める効果を期待したものであることは、いくらも証拠をあげることができる。今日のわれわれの生活でも、旧友がたずねてきたといってはともに飲み、初対面のお近づきといっては飲まずにいられないのも、無意識な昔ふうの継続である。酒盛りのモルということば自身が、もとは共同飲食を意味していた。すなわちモルはモラフという語の自動形で、一つ器のものを他人と

懸（タチ）の魚　長い木を屋内に横につりこれに魚をかけつらね歳神への供物とする（長崎県島原）

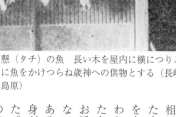

ともにするということであった。このように、酒は元来必ず集まって飲むものときまっていたのである。昔は、酒は時に応じて家々で自らかもし、あまれば翌日にも処分して残さなかったものである。村の生活では、酒をかもして飲むハレの日は一年に何度と限られていた。そのかわり、飲む段になると徹底的に飲んだらしい。むしろ大いに飲んで酔うところに酒の効用を求めていたのである。それが現在のように随時の独酌を可能ならしめるようになったのは、なんといっても世相の大きな変化である。

ハレの日の中には、ある家に属する限りの者が、うちわだけで神や祖霊とともに相饗するものもあるが、通例外部の人々といっしょに共同に飲食する場合が多い。日本人は古来同じ火で煮炊きした食物をともに食べるということにことに大きな精神的意義を認めていたらしい。群れの統一に共同飲食を欠くことのできない要件と信じていたらしい跡はいくらもあげられる。氏神の祭に、神供を神ともども氏子一同で分けて食べる直会《なおらい》の儀式も、その原義は同じ食物をとることによって、神と人とのあいだに、目に見えないつながりが生ずるとする信仰にあった。親しい間柄の者を形容して「同じかまの飯を食った仲だ」といい、いっしょに飯を食ってからでないと腹を打ちわって話ができないというように考えるのも、同じ火で煮炊きしたものを食べることによって、おたがいの身に離れがたい縁が結ばれると信じていたからで、遠く旅にある人に陰膳《かげぜん》を供える意味もここにあった。交際とか社交、さらに贈答の始まりもこの共同飲食に基いている。現在でも、客の歓待には必ず飲食をもってし、歓迎、送別といえば必ず飲食を共同にしなければ承知しないのも、その由来するところは古いのである。前代生活においてはことに連帯依存の必要が強く感じられていたので、ハレの日に飲食をともにすることによって、相互のあいだに目に見えぬつながりを新たにつなぎあわせ、共同の保障を期待しようとしたのである。日本人がハレの日の食物に、そうした精神的な意味をもたせていたことは、見のがすことのできない重要な点である。

ハレとケの衣服

「ケにもハレにもこれ一つ」ということがよくいわれるように、衣服にもハレとケのけじめがはっきりしているのが本来のしきたりであった。ケの着物が、寒暑からからだを守り、しかも働きやすいようにという、いわば実用的な目的をもっているのに対して、ハレの着物のほうは、特別な日に限って身につけるべきもので、正装、礼服の意味をもっている。

ケの着物は、ふだん着と仕事着に分けられる。村では、仕事の忙しい季節には、終日仕事着で過ごすことが多いのを見ても察せられるように、かつての村の生活では、ハレ着と仕事着の二種だけの服制だったことがあったのではないかと思われる。仕事着全体としての特色は、上半衣と下半衣と二つの部分にわかれ、手覆《ておお》い、脛巾《はばき》などが伴っている点である。

ふだん着またはつね着ということばは、標準語になりかかっているが、地方にはアワイノキモノとかヨウマアサマという呼び名があったりする。アワイは物のあいだのこと、ヨウマアサマは夕間《ゆうま》朝間《あさま》で、朝夕の意味である。要するに、儀式や戸外の仕事のない時に着ている着物のことである。ふだん着は、ハレ着と同じように、すそが長く、そでがついているのが特色であるが、そうした着物の必要は、まず町方《まちかた》の生活において起り、ついで村方でも雨の日や朝夕の閑暇に用いるようになった。

日本人が洋服を着はじめたのは、兵士の仕事着としてであるが、一方では洋風追随者によってハレ着としても用いられた。しかし次第に仕事着としての洋服が社会の各方面に広まっていった。それには、軍隊などの体験を通じて、その仕事着としてのよさが認識されてきたからであろうが、根本的には日本人の仕事着が、古来上着《うわぎ》と下着《したぎ》とにわかれていたということが、仕事着としての洋服を普及せしめた理由であろう。

ケの着物は、実用的な着物であるがために、以前からの仕事の仕方が同じである限り、容易に変るものではない。これに反してハレ着のほうは、臨時の日の衣服であり、いわば日常の生活にほとんど影響のない、したがって変えようと思えば容易に変えることができる性質のものであるために、ことに新しい文化の影響を受けやすかった。ハレ着は、そでやすそが長くて、労働に適しない形式である点に特色があるが、このことは、ハレ着を着るべきハレの日が、働いてはならない日とされていた点から容易に理解されるであろう。

ハレ着というのは総称で、実際にはそれを身に着ける機会に応じて、それぞれ呼び名があるのが普通である。たとえば、祭礼の日のハレ着をマツリゴと呼ぶ土地があちこちにある（紀州、備中、小豆島など）。讃岐三豊《さぬきみとよ》地方（現・三豊市及び観音寺市）では、盆に着るハレ着をボンゴという。岡山市付近でボニゴというのも同じ語で、ここにはまた正月ゴということばもある。盆ゴ、正月ゴという名は、淡路《あわじ》でも使われている。盆、正月そのほか改まった節日に着る衣服をセツゴと呼んだ例も、近世の文献には見えている。ゴはコであり、古く衣服を総称した語である。以上の名称から年中の折り目としてのハレの日に着るべき衣服がハレ着であったことがよくわかる。

人生の折り目としてのハレの日に着る衣服にも、それぞれの名称がある。産屋《うぶや》明けの日に、生児に着せて宮参りさせる着物を、ミヤマイリゴという地方も広い。長野県北佐久郡《きたさくぐん》では、この宮参りの日に生児をおおう着物のことをカケイシャウと呼んでいる。この語を、婚礼の花嫁の正装をさして用いている土地もある。いずれもハレ着である点に変りはない。かつて成女式に際して鉄漿《かね》つけが行われたころには、カネツケゴといって、娘に特によい着物を与え、親類へ礼にまわらせる習わしの土地もあった。嫁入りの時に着るハレ着をヨメリゴという土地も広い。聟《むこ》のほうのハレ着の名称としては、埼玉県の一部にイチゲンギということばが使われている。イチゲンは聟舅《むこしゅうと》の初対面のことで、その時に着るものという意味である。厄年の祝に着るハレ着をヤクゴと呼ぶ土地もあちこちにある。多くは親類から米などとともに贈られるもので、祝宴の当夜着て出ることになっている。特に還暦の祝に近親から贈るものに限って、イワイゴと呼ぶ土地もあるが、これはこの際の祝が年祝の中でももっとも盛んであったがためで、元来は年祝の時の着物のことであろう。葬式に際して葬列に加わる婦人が特殊なかぶり物をする風習も広く、さまざまな名称で呼ばれているが、これもハレの服飾の一部である。以上ながめてきたように、人生行路の折り目折り目には、ハレ着を着て、身も心も改まるのが、古来のしきたりであった。

なおハレ着のことをモチクイイシャウ（餅食衣裳）と呼ぶ土地もある。ハレの日には餅をついて食べるのが通例であったところから出た命名であろう。北九州および四国の一部では、ハレ着のことをヨソイと呼んでいるのは、「よそおい」という古語の残留であろう。ハレ着のことをヨソユキと呼ぶのはもちろん「他所《よそ》行き」の意味であろうが、また一方では「よそおい」という語の影響も受けている。岩手県の一部では、ハレ着のことをカゴエと呼んでいるが、これは「かこい」、すなわち常はしまっておくところから出た呼び名であろう。いずれもハレ着が臨時の特別な日の衣服であったことを示している。

ハレとケの区別は、かぶり物にも及んでいる。かぶり物に仕事着および防寒具としての用途があることは、あらためて説くまでもないが、そうしたケの用途にあてられるもののほかに、ハレ着としてのかぶり物がある。本来日本では、ハレの席には、頭に何かかぶって出るのが礼儀とされた。今では長上の前や社寺では、帽子その他のかぶり物をぬぐのが礼儀とされているが、もとはそうした場所に出る時には、かえってかぶり物をつけたものである。つまりハレの席に露頭で出ることは、礼を失するものと考えられていたのである。祭礼その他の儀式に際して、男子がエボシをかぶったのもそれであるし、婦人も、たとえふだん着でいても、真白い手ぬぐいをかぶって頭髪をかくせば、ハレの席に出ることができた。手ぬぐいは今でこそ、文字どおり手をぬぐうものと解されるようになってしまったが、以前はもっと広い用途をもっていた。純白またそれに近い手ぬぐいは、ハレ着の役をしたのである。はち巻も、頭の上をはち形に巻いて頭髪をかくし、そうすることによって

かぶりもの　年配の婦人はこのように手ぬぐいをかぶって客に対する（岩手）

ハレの場に出ることができたのである。

ハレ着としてのかぶり物の意義は、次第にくずれてきたが、それでも地方の生活には、本来の用途がまだ保たれている。婦人が来客の前へ出る時に、わざわざ手ぬぐいをかぶる風習は、関東以北では近ごろまでごく普通のことで、山形、秋田の二県では、これをアゲテヌグイと呼んでいる。伊豆の三宅島《みやけじま》では、男子の儀式用のはち巻をワエボシ（輪烏帽子）といい、今でも神事にはかぶって参列するという。花嫁が綿帽子、角隠《つのかく》しなどと呼ばれるかぶり物をする風習は全国的であるが、青森県野辺地《のへじ》近在の花嫁は、イロという帽子を頭からかぶっていく。葬式にはそのイロの左そでをかぶることになっているという。葬列に加わる婦人が、かぶり物をする風習はほかにも多い。伊豆の新島《にいじま》などでは、カムリカタビラというのが葬送の日の婦人の正装で、美しい刺繍《ししゆう》のある麻の帷子《かたびら》を頭からかぶって行列についていく。新島の婦人たちはまた、ヒッシュと呼ぶ儀式用のきれをもっている。長さ六尺ぐらいのもめんで、縫わずに二つ折りにして頭の片わきで結ぶ。神参り、寺参り、墓参り、その他には必ずこれを用い、そのため老女などは、ほとんどかぶり通しでいるくらいであるという。

また生児の宮参りの日に頭をそり、真綿の帽子をかぶせたり、むつきをかぶせる習わしも広い。いずれもハレのおりには、それに相当したかぶり物をしなければならぬというしきたりに基くものである。

田植すがた（秋田県仙北郡）

早乙女すがた（広島県安佐郡）

たすきも、今でこそその着物にかけて労働に用いているが、もとはハレ着の一部であった。伊豆の新島では、礼装にはいろいろの玉をつらぬいた玉だすきというのを首や腕に巻いたそうである。つまり西洋のネクタイのような一種の装飾であった。それがのちには、ハレの日にも急にハレ着のままで立ち働く場合が多くなって、長いそでがじゃまになるところから、たすきでからげるという今日の用途を導いたのである。

田植はハレの仕事であったから、したがって早乙女《さおとめ》の服装は平常着のままでという土地はない。佐賀市付近で、早乙女のことをハナムスメと呼んでいるのは、その着飾った姿を表わしたものである。土地によって多少異なるが、長野県東筑摩郡での早乙女の服装は、紺《こん》のひとえに赤い帯、たすき、それに白手ぬぐいをかぶって菅笠《すげがさ》をつける。たすきに白手ぬぐいというのは、祭に仕える女性の装いの一部であった。土地によっては紋付、たもとのある長着物を着て田植をするところがある。

紅《べに》、おしろいで顔を装うことも、もとはハレの日に限られた行為であった。すなわち本来は神霊が乗り移っていることを示す印であって、面をかぶるのと同じ効果を認めていたらしい。したがって今でも祭礼、神事のおりに化粧の施される場合が多い。町方では早くから化粧の本来の意義が喪失したが、古風な土地には、まだ化粧はハレの日に限ってすべきものという感覚が残っている。

ハレとケの混交

ハレとケのきびしい区別は、前代生活においてことに厳粛であり、それは、農の順調な展開を確保し、災厄を回避し、いわば村落生活の安寧を維持する要件と考えられてきた。しかし一方ではそうした考え方が次第にくずれ、ハレとケの混乱が見られるようになったことも事実である。ハレとケとの混乱は、いろいろな方面に認められる。たとえば前に触れた農村の休み日についていうならば、休み日に働くことは、社会の安寧を乱す行為であり、社会のつまはじきとか、あざけりをこうむるべき行為として厳に戒められたが、それがくずれて、休み日に働く者が現われてきたばかりでなく、むしろ勤勉家としてほめられる傾向さえ見られるようになった。また食物についても、ハレの日の共同飲食に限られた酒をケの日にも随時ひとりで楽しむ人がふえてきた。衣服も都市のふだん着は、ハレ着に近く、以前はハレの装いであった手ぬぐいをかぶり、たすきをかける風習が、働く装いと見なされるようにもなった。つまりハレの日の生活をふだんの生活にまで延長することによって、次第に両者の境が不明確になってきたのである。

生活の条件が許す限り、食物や衣服の面で、ふだんにもハレの生活を続けたいという欲求は、きわめて自然な推移である。さらにハレの日には、常の日にない一種の興奮が伴うものであるが、その興奮の忘れがたいあまり、これをふだんにも再現したいとなると、ますますハレとケとのけじめがつけにくくなる。他方忌の観念が衰退し、ハレとケとの混同に対する制裁が、結局は神罰ではなく、人間の意志以外からは起り得ないことが実証され、周囲の拘束力すらも効果を失ってくると、進んで古来のしきたりを破る者が次第に増してきた。

ハレとケとの混乱は、まず都市生活の中から起った。年中行事および通過儀礼としてのハレの日は、いずれも根本においては農耕生活に基盤をもって成立したものである。したがって農に関係のない商工業的な都市生活では、それが強い拘束力をもち得ないのは当然である。ある種のハレの日が、都市生活では支持を失って淘汰《とうた》され、あるいは変質することがあると同時に、新たに都市生活に芽ばえたハレの日もある。食物や衣服におけるハレとケとの区別が、まずくずれ出したのも、都市生活においてである。ことにいちじるしいのは酒の乱用と米の常食化である。一方いわゆるいなかには、抜くべからざる都市崇拝の傾向がある。かくて都市生活におけるハレとケとの混乱は、水の低きにつくごとく、次第に地方生活に浸潤していった。そしてこのような傾向を促進したのは、新たな交通の力であるが、一方には地方生活そのものの中にも、ハレとケとの混交を許す素地が次第にかもされつつあった点も見落すことはできない。

生活の位相を、相対立するハレとケという二つの面において区別し、常にそれを対照させながら日常の行為を律するという生活態度も、社会生活との関連において成立したものである限り、社会がこれをあるいは継承し、あるいは淘汰していく。しかし社会がどのように合理化されようとも、ハレとケとのけじめの全く喪失した生活というものは考えることができない。少なくとも現在までのところ、生活の種々の面で、ハレとケとを区別する態度は、村落生活においてまだ根強く維持されている。この点についてはすでにくわしくながめてきたところであるが、それはいわば古今を一貫した日本人の生活態度であり、生活の秩序をささえるものとして大きな役割を果してきた。

今まで続いてきたからというだけの理由で、これをそのまま継続するという態度が是認されねばならぬ理由のないことはもちろんであるが、今後これをどのような方向にもっていったらよいかは、将来の大きな課題である。そしてこの課題に答えるためには、われわれはもっともっと過去についての正確な知識をたくわえなければならない。

〔付記〕　生活の秩序をささえてきたものとしてハレとケとを区別する生活態度について述べたのであるが、氏神信仰、祖霊信仰が精神的な面で生活の秩序の支柱になってきた点も見のがせない。ただそうした面は最後の「不安と希望」の章で説くことになっているので、本章ではふれなかった。

六　日本人の共同意識

ひろがった共同意識

明治以来のわが人口のふえ方はまことにすばらしい。徳川時代たびたびの人口の調べではいつも二千数百万という程度で、その調べにもれていた武士階級の人口を加えても三千万を多く越えることはなかったろうといわれる。明治初年の人口調べでもようやく三千三百万人程度となっているが、それが急にふえだして、ここ八十年ばかりのあいだに二倍半を越える八千六百万という数になっている。もちろん国の内外の交通がひらけ、多くの人口を養っていけるような産業がおこったためであるが、かつて人口の増殖をおさえていた種々の制限のとりのぞかれた事情も無視できない。

かつて人々はその村で父祖の業を受け継いでいくべきものとされ、それをすてて、かってのところへ出むいて生活するというようなことはかなりきびしく禁じられていた。同時によその者が村内にはいってくることもきびしく取り締っており、同じ村内のものが、新しく一戸をかまえるということさえ決して容易のことではなかった。ただ水利の便が新しくひらけ、耕地などの広まったような場合、分家が認められ、二男三男も一家をたてていくことができたが、そういうめぐまれた時代はむしろ少なく、多くの所で二三男はオジとして相続人の家にとどまり、そこの手伝いをするほかなかった。女たちも婿を迎えて家を継いだり、他家の相続人の妻となりえたもののほか、オバとして同じような運命に服さねばならなかったのである。

しかしオジもオバも決して厳格な禁欲生活をしいられていたとは限らない。近ごろまでも飛騨《ひだ》白川村にそのなごりが見られたように、相続人の妻として他家に縁づくもの以外の女子が生涯を生家におくりながら、そこへ通ってくる夫をもち、自分の子供を養育していくというような例は、はなはだ少ないと思うが、多くの所でオバたちはひそかに通ってくる相手があったのではないかと思われる。にもかかわらず人口の増加がかなりにおさえられていたのは給養の不足、衛生の不備からする死亡率、ことに幼児死亡率の非常な高さによったものではなかろうか。このほかなんらかの避妊の風習や堕胎、赤子殺しの風習も人口の抑制に少なくない働きをしていたと想像される。赤子殺しについては子を「間引く」という標準語化している表現のほか、地方によって「乳懸ける」とか「もぐらにする」など隠語らしいことばが用いられ、「ガニサガシ」「ツハヤリ」「サデオロス」など元の意味のわかりにくいことばもつかわれていた。養育することのできない赤子は神へお返しするといって桟俵《さんだわら》にのせて川に流すという風習も奥羽の山地にはあった。幼児の死亡を軽くみて特別に扱い、これをごく簡単に葬る風習、たとえば幼いあいだは神のうちといって僧侶《そうりょ》の手助けもかりず、うちわで葬ってしまうという風習や、葬るにしてもこれを家の内に埋めるとか、あるいは幼児だけの特別な墓地へ埋めるという風習なども、赤子殺しが今日のようなきびしい目をもって見られなかったことと若干の関係があったのではなかろうか。

ともかく明治以来こうした人口制限の障害ものぞかれ、産業の飛躍発展するにつれて人口の大増加がおこったのである。その増加した人口の一部は在来の村々にいついて、そこの戸口《ここう》をふやしていったが、その大きな部分は都市に出て、新しい大都市が各地にあらわれることとなった。都市の人口といえばかつては人口の一割にもとうてい満たなかったのに対し、今や人口の四分の一にもあまるものが、人口十万以上の大都市に集中しているというありさまである。

この増大した人口は次第にひらけた交通、通信のおかげで相互の接触をふかめたばかりでなく、明治五年の学制の制定以来、義務教育の普及によって統一的な教育がほどこされ、明治六年徴兵制の施行以来国家的色彩のきわめて強烈な訓練を受け、外から迫るたびたびの脅威に、国運をかけての大戦を敢行して、国民全体の共同意識も急激に高められていったことは人々のつぶさに知っているとおりである。皇室を中心として皇威の宣揚を旨とし、いったん緩急ある場合の命をかけての奉公をもって本懐とする忠誠心など、伸び広がった日本人のあいだにたしかによくいきわたっておった。しかしそれはここ数十年来急激に育成されてきたもので、一応人心をとらえてはいるが、深く人々の心の奥底にまでしみ通っていてゆすぶられても容易に抜きとれないほどの根強いものであるとはいい得ない。これに反し新しく興った膨大な都市勤労者などのあいだにはともかく、旧来の居住地域、すなわち古くからひらけきたったおもにいなかの居住民たちのあいだにおいては、新たに広まった国民一般の共同意識のいわば基底に、これと趣を異にした共同意識の古くからつちかわれきたったものが厳として存在しているのである。これは新しい共同意識の形成に対しても影響を与えており、場合によってはその発展を阻害《そがい》する方向にも働いている。いったいこのいわば基底に存する共同意識とはどんなものであるか、以下節をわけてその様相を説明していこう。

村落の共同意識

人々が長いあいだにわたってつちかってきた、いわば基底に根をおろしているわれらの共同意識というのは、ごく限られた地域、つまり人々の居住する村落を中心とした共同意識であるという点において、新しく伸び広まった共同意識ときわだった対照をなしている。ここで村落というのはムラといってもよいが、今日の行政区画としての村に比べてもたいていはもっと狭く、多くの場合今日の村の一区にあたる。時にはそういう区の中の組や、さらにはその組をまた小分けした小組がそういう村落にあたることもある。

これら村落を呼ぶ各地の名称はかなりに区々《まちまち》で、ムラという名のほかカイトとかコーチとか元来垣内《かきうち》を意味したらしい名前もあればタニ、ホラ、フレ、ハリ、ハコ、コガ、ドイなどさまざまの呼び方が地方地方で行われている。組にあたる呼び名にもケイヤク（契約）というのが関東以北かなりひろい範囲で行われている。五人組、五口組、五組だとか十人組、什長組などの名称も方々に見え、チョウナイだとかチョウバなどの名もあちこちできく。このほか同行《どうぎょう》、講中、無常講、死講などというのから、モヨリ、ミヨウ、メンなど数えたてたらきりがないくらいさまざまの呼び方が行われている。

これら村落に属する人々のあいだでは長いあいだにわたってきわめて密接な共同性がうかがわれ、したがって濃厚な共同意識が認められるのである。生活のいろいろの部面でどのように緊密な共同性がうかがわれるか、もちろん地方によって違いがあるわけであるが、多くのところで多かれ少なかれうかがわれるものを拾ってみると次のとおりである。

まず仕事の面から見ていくと、道普請《ぶしん》だとか堰《せき》の水あげなど、共同の施設の修築や村のつかいはしりなど公共の仕事は村落の人々で共同につとめる。道普請などには「義務人足」「公役《くやく》」「公儀」「村賦」などと呼んで一戸一人出ることにしていることが多い。適当の働き手がいなければ女子供でも足並をそろえるとの意味で「足並人足」などといっている所もある。ことさらに労力を要する大仕事の時には一家全員足腰のたつ限りのものが動員されることもあって「有り人足」などのことばもつかわれている。反対に村落の雑役をつとめるサンジ、コブレ、アルキなど地方地方でいろいろに呼ぶ役柄など、村の人々がまわりもちでかわるがわるつとめている。

村落共同性の強く出ている仕事に、村の人々が一体となって働きながら、その結果得たものを一定の規則にしたがって、たがいのあいだに分けあうというのがある。もっとも古くからある生業の一つといえる狩猟では、北方のくま狩、南方のいのしし狩など大きな獲物をねらうような場合、村中がこぞって参加する。まず狩の場合カクラを定め、指揮者をたてると、射手の待つ場所や勢子《せこ》の配置をきめて共同の行動をおこし、うちとった獲物は一定の作法で解体して、人々の働きに応じて参加した人々のあいだに分配されるのである。漁村でも村全体で網を所有し、村々の人がいっしょに出て網をひき、獲物を一定の規律にしたがって、みんなのあいだに分けあうという風習はひろい。

田畑の仕事は各家別に行われるのが普通であるが、それでも田植など特にたくさんの労力を必要とするようなものには、村中が出て手伝うという風習があり、そのため家々の田植の日取りをあらかじめきめておいて、村のものが順々に各家の田植のため働くということが、中国地方などあちこちに残っていて、その場合も各家で出られるだけの人が出て働き、出る家の負担の多少は問わないというほど共同性の強くあらわれている所もあれば、手伝いを多く出した家と少ししか出さない家との労力の相違を田植の全部終ったあとで計算し、労力一人当り米いくらとして清算するような各家別の勘定のはっきりたてられる所もある。また各家で出す人数を何人とはじめからはっきり一定して負担の公平を期しているのもある。

住宅なども各家別になっていても、その建前や屋根替えなどおおぜいの労力を要する仕事に、村の各家からの手助けをうけるという所は非常に多い。屋根替えなど各戸からひとりずつ出て、かやを刈ってとどけるという風習はよく見られるところで、もし村人総出の必要がないと七人役、三人役などと人数を限って村中がまわりでつとめるようにしている。

かやを刈るかや山、かや野、狩をする山野、漁をする漁場は、まきをとり木材をとる山林とともに村落で共同にもち共同に使用するものが多く、共同の使用にあたっては、種々の制限をもうけて、その荒廃を防ぐ方法を講じている。山林でいえば各人が一度にもちだしうるまきの量を限ったり、切り出しうる木材を一代に何本、火災にあったとき何本というふうに制限するのもある。また山林でも漁場でも、共同に使用できる期間をかぎって、それを口明けといっている風習は一般的といえる。

このほか一般の仕事で各家別々に行われるものでも、たとえば田植は何日、刈取りは何日というふうに、日をきめて村中が一様に作業にかかり、一様に終えるという風習はひろく、そういう日取りを年のはじめの寄合できめている風習は非常に多い。田植など人よりおくれて残っていると、早くすませた家の人々がよってきて手伝うということも方々で見られるのである。

しかし村落の共同性がもっとも顕著にあらわれるのは人の死にあたって葬儀のおりであろう。棺をはじめ種々な祭具をととのえるのも村の人がする所は少なくなく、棺かつぎから穴掘り、火葬の行われている所ではそれも、村の中で順番に引受けてする所は多い。このほか死者とのわかれのため、あるいは喪家への力添えのためであろう、葬送の前やあとで村のものが集まっていっしょに飲食をする風習は各地に見られ、そのため「煙断《けむりだ》ち」「鍋止《なべど》め」などといって村中の家がその日炊事をやめ、喪家の外庭なり隣家なりで共同に飲食することも見られる。村中が葬儀の当日仕事を休むという所もあり、村の各戸がひとり手伝いに出るとか、ふたり出て、うちひとりは手伝いに、ひとりは礼装で出るというようにしている所もある。また村香典などといって村の各家からきまった量の米を喪家へもっていく風習などきわめてひろい。米とともに酒、野菜、まきまでももちこむ所もある。このほか村の老人連が喪家のためより集まって念仏をとなえるようなことも各地でみられる。

葬儀の場合ほどではないが、結婚の時も村中こぞって手伝いに出る風習も相当にひろく見られる。各戸の主人は披露《ひろう》の宴に招かれ、女房連は炊事の手伝いに出かけるというような所は多い。婚礼の当日はよばれなくても、その翌日などに「嫁振舞」「茶たて」などといって村中の主婦をよぶ所もあれば「嫁触れ」「嫁ぼし」「村回り」「村歩き」などといって、紙だとか手ぬぐいだとかみやげものをもって嫁が村中の各戸をまわってあいさつする風習にいたってはいよいよひろい。

出産の場合にも村中がよばれたり、祝いに訪れたりする風習のある所もあり、村中が三日とか五日とか物忌《ものいみ》をし神に参ることをつつしむという所さえ時には見られる。だれかけがをしたり、病気におかされた際、村中総出でこれをたすける風習もまたひろい。へんぴな所では乗物を仕立てて医者を迎えにいくのが村落のもののつとめである。病人の回復を祈るため社寺にこもったり、千社参りをしたり、伝染病の出た場合その跡始末にあたるのも村落の人の責任とする所は多い。そのほか不時の災難に対しても村中こぞって助けにいく。神隠しなどといってゆくえ不明になったものがあると村中総出でさがすのが常であり、火災などにも村中こぞって消火につとめ、被災者のための跡かたづけ、用材の切り出し、仮小屋の建築などにも、食料や衣料の供出にも村中こぞってこれにあたる。

これらのいわば経済的な共同性とも見るべきもののほかに、信仰の面においても、娯楽慰安の面においても、村の人々は密接に結びあっている。鎮守祭のことはあらためて述べるまでもなかろうが、このほかに山の神講、田の神講、三夜講、大師講、日待講など何々講と呼ばれているもので、村の各戸のものをもって講員としていて、まったく村の組織と見られるものが少なくない。講には毎月とか隔月、でなければ年何回か日をきめて開かれる寄合いがあって、宿は家々を順にまわるのが普通で、そのおり祭壇をもうけ供え物をするとともに、共同の飲食があってなごやかな談笑がつづく。飲食も米などを集めて当番の家でつくったり、各自持ちよりのものを分けあって食べたりいろいろで、簡単な茶菓程度のものから、正式の膳部をととのえるものまでさまざまである。村落内の相談事もこういう機会にきめられることが多い。講の中でもたとえば伊勢講、神明講、関東の榛名講《はるなこう》、大山講《おおやまこう》、三峰講《みつみねこう》、関西の愛宕講《あたごこう》、津島講などは、やはり村落の組織となっているものが多いが、単にきまった日に寄合いをするほか、代参をたてて遠くまでもお参りにいき、帰るとお札を分けるのである。

まだ数えたてたら出てくる種々な関係において深い共同性をもつ村の人々は、その外部の人々に対して自然排他的となる傾向が見える。見知らぬ者の訪れる時、家から家へ相つたえて警戒をするという所もまま聞くことである。かつてはよそ者がはいってきて土地に住みつくなどということはこれを許さないというふうもあった。越後では「旅もん払い」といって、よそから来たものに立退きを要求してきかれないと、その家へ暴れこむという風習のあった所もある。そこまではいかなくてもよそから来た人をイツキ、キトマリモノ、キタリッポー、キタリドなどといって、旧来の者と差別待遇するふうは方々にあった。葬式のおりの念仏のかねたたきの役をさせるとか、伝染病の世話をさせたり、村の走り使いをさせるなど、人々の軽んじ、またはいやがる役割をよそから来た人にふりあてるのである。村の仲間に入れるには五年、十年と居住し、人柄をよく見たうえでないと許さないというような所も少なくない。

道切り　疫病が流行すると村の入口に張り、トウガラシ、炭などをさげる。

一般に村落の一員となって、葬式その他の相互助けあいのつきあいをしてもらうには、村落内の適当な人を、ヨリ親、わらじぬぎ場、ぬれわらじなど種々によばれる身元引受人にたのんで、村の各戸へ紹介してもらうのである。そのためには祭や講の寄合いに酒を出してあいさつするのが普通で、でなければ各戸をまわって歩いたり、改めて各戸を招待したりする。

村の祭が厳重にとり行われている所では、その中心の儀式に参加するものが、宮座として家柄により、あるいは年功によって限られていることがしばしばあり、新しく村に入りこんだものなどいつまでも宮座の外におかれるのである。また村が山林や磯の権利をもっていて、村のものがそれから特別な利益をうけるような場合、村に住みついてその仲間となるためには、米何俵つむとか、いくらいくらを出すということが条件となっていて、単に寄合いに酒を買って出るというだけではすまない。

村以外のものに対する排他性は信仰のおもかげをとどめている各種の行事にもはっきり

とうかがえる。悪い病がはやってくるとミチキリなどといって、村の入口にしめ縄をはり渡し、そこへまじないの品々をさげたりする風習はあちこちにある。また病気のはやるような場合、疫病神を送り出すといって、灯火をつけたり、旗などかついで村のいちばん高い所から、村中を順々にまわって村のはずれまで送るようなことの見られる所もある。村に盗みなどがあって犯人の見つからない場合、「ヌスビト送り」「悪者送り」などといって、その悪者にかたどった人形をつくり、村境へいってそれを突きさいなんだあげくに捨ててくるというような風習もあちこちに見られる。そういう類のことが年中行事化してきまった日に行われるのが、春祈禱だとか、コト神送り、悪魔払い、虫送りなどというもので、村境に御幣やお札をたてて悪いものの侵入を防いだり、村落内にわざわいするものをかりたてて村境へ送り出すのである。多く子供や若い者の仕事となっている小正月のトンド焼やタナバタや人形送りなど種々の年中行事に近隣村落のものとのあいだに飾り物のとりあい、こわしあいが行われ、けんかとなることが多いが、何かこのような悪いものをよそへ送り出そうということにその起原があったものかどうかは疑問としても、村落対抗の意識が強調された結果であるということはできよう。

村落の強い共同性は、その共同の生活をみだすようなものに対するきびしい制裁となってもあらわれている。共同の仕事に出なかったり、山林、漁場その他共同の施設の利用にあたって定められた制限をまもらなかったり、定められた休日に仕事に出たりするものがあると村落内でいろいろの制裁が加えられるが、その特徴的なものに村八分がある。この場合も激しいのは村八分にされた人を村落外へ追い出してしまうのもあったが、近いころまであちこちで用いられ、当今でもおりおりうわさにのぼる村八分は、村落内においたまま村の交際からのけものにするのである。

またかつては、村八分ときまると、そこの家の表戸に青竹をはりわたして表口の出入を禁ずるというふうに公然と行われた所もあったが、多くはもっと隠密《おんみつ》のうちに行われるので、八分された当人はそれと気づかないうちに仲間はずれにされているというのが近来はことに多い。

国の司法制度が確立して私《わたくし》の刑罰をとりしまるようになると、とかくこのような表向きでないものが行われるようになる。村落外との交渉のもっと少なく何事にも村落の助力をたよりとした時代において、村八分されたものの苦痛はことに深刻なものがあったに相違ない。許されてふたたび元のつきあいをしてもらうためには、しかるべき世話人をたのんでわびを入れ、村の人々を招いたり、あるいは寄合いの席を利用して酒などふるまうのである。その手続きはちょうどよその者が村の仲間入りするときのそれに似ている。

若者組の共同意識

共同性の濃い村落の中でも、年ごろの似かよった者のあいだにはいっそう緊密なつながりがあり、一段とつよい共同意識がそこに見られる。一つの村落は大きくわけてみると、下のほうには子供たちの仲間があり、その上に若者組とか若者仲間、若者連中などいろいろに呼ばれる若い者の組があり、女なら娘連中、娘組などというものがみられる。ずっと上のほうには年寄りの仲間、じいさん仲間とか、ばあさん仲間というのがある。年寄りの仲間と若者仲間とのあいだに中老だとか宿老《しゅくろう》だとかいろいろに呼ばれる壮年者の階層が区別される。

このうち子供たちの仲間の活躍するのは、小正月のトンドだとか天神の祭、たなばた、祇園《ぎおん》、盆などいろいろな祭、またはそれから変化した行事のおりで、寄り集まって年長の大将をたて、そのさしずの下に家々をまわって祭の用意に入用な品々を集め、小屋をつくったり、特定な家を宿にたのんだりして、共同の飲食をとるのが普通である。老人たちは念仏講など講中をつくって、おりおり宿へ集まっては念仏をとなえ、飲食をともにするほか、葬式などにも出て念仏をとなえるのである。中老たちは多く一家の主人で、さきに述べた村落結合の中心となっているものである。若者組になるとどの同年配者の集まりよりも緊密なつながりをなし、いろいろの方面にめざましい共同の活動をするものである。ただ近年においてはたいていのところで青年団、青年会と改められ、その活動面も大いに改まっているのである。

さて若者組にはいる年齢は区々であるが、本来成年に達してはいったものらしく、成年の儀礼が組への加入と伴っていることも多い。若者組加入と同時に成人名に名をかえる風習のあった所もあれば、加入とともに前髪をおとしたり、先輩などからさらしもめんのまわしを贈られるというような風習もあった。加入のとき新しい義理のオヤをたて、そのオヤにつれていってもらうというような風習も見られた。若者組の上層の限界もまた区々で、同じ所でも時代によって変化している。結婚をもって脱退の時期とし結婚の披露をもって組からの脱退と見ている所も少なくない。結婚にいたるまでの性生活の規制ということが若者組の重要な仕事の一つとなっていることからみて当然のことであるが、若者組の仕事には若い体力にたよる種々のものがあり、一定年齢による区ぎりをつけているものも少なくない。二十五歳のあたりで限ったものも多いが、このほか三十三歳とかあるいはもっと上の年齢層までとり入れているものもある。少ない例だが、時には加入を一家の相続人にだけ限っている所もある。このような場合、年齢に関係なく加入し、自分の相続人の加入をまってはじめて脱退するというようにしている所もあった。

こういう若者組の年齢の幅が広い場合はもちろん、そうでない一般の場合でも、若者組の中にまたいくつかの年齢層で細かい組が区別され、それぞれ特別な役割を演じていることが少なくない。組にはいってから一年とか二、三年とかのあいだを小若衆、小使などとよんで組の先輩連においつかわれるのは方々で見かけるところである。その上に中若衆、平若衆などという中堅層があり、そのまた上に大若衆、中老、年ごろなどいう古参階級を区別している。細かく分けたのでは五通りにも六通りにもなっている。年齢に応じて上の層へ進んでいくのだが、時に働き次第上級へ進めるというようなものも見られる。

若者組はその働きの関係上共同の宿をもつのが通例であった。宿には泊まる寝宿のほかに遊び宿などいう集会所のあるのもあって、そこでははじめ遊び宿であそんでいて、おそくなってから寝宿へいくのであった。寝宿は同じ村落にもいくつかあることが多い。堂や庵などすでにある建物を宿に利用しているのもあるが、またトマリヤとかヤグラなどといって特別に作ったものもあり、そのほか個人の家のへやを借りて寝宿としたものも多い。いくつかの寝宿のそれぞれが、ある年齢層の宿とされ、たとえば三つの宿が兄仲間、中仲間、弟仲間にそれぞれ割りふられていたということもある。同じ宿にとまるものは宿朋輩《やどほうばい》、ツレ、ドシなどと呼ばれ、特別に親密な関係にたつことはいうまでもない。宿をぬけた後も、終生かわらぬ関係がつづき、家人同様にあつかわれ、ただの親類などよりもずっと重んぜられるといわれる。祝儀《しゅうぎ》のおり、聟《むこ》とならんでいくツレ聟、聟マギラカシなどというのもこの宿仲間から出る。

さてこのような若者組はどのような方面にどのように結束して働いてきたかといえば、まず結婚にいたるまでの男女関係の規制をあげねばならぬ。若者はその寝宿から自由に出あるいて配偶者を捜すのであるが、その際仲間の助力をうけることが多い。結婚にいたらないうちに子供ができいざこざがおこると若者組がその解決にのりだす。また当人同士のあいだで話ができると、両方の親のあいだを仲介し、話がきまると、ちょうちんに娘の家の灯を入れて若衆宿の前へもってきてつるすというような所もあった。親がどうしても同意しないような時に若者仲間がその家へあばれこむとか、あるいは若者仲間でその娘を連れだす嫁盗みの風習も方々にあった。連れだした上、酒一升に水引をかけて娘の家へおいてくると親は不承不承黙認するというような所もあった。結婚のおりに宿朋輩が式に立ち会うほか、若者仲間で嫁の案内役をつとめるという風習などは方々にみられる。

この場合にも若者の共同性がその村落内に限られていて、他村落の若者にはきわだった対立を示している。もし他村落からはいってきて村落内の娘に通じたものがあると、これを捕えて水中に投げこんだり、なぐって半死半生の目にあわせるという話は方々にある。よその男と通じた村落の娘もいっしょに素裸にして、白昼村落内を歩かせたというようなこともいわれる。それのややゆるんだ所では、あらかじめ酒何升かを買ってその村落の若者組に話をし、その承諾を得ておけばよいということになる。こういう方法で他村落から親の承知しない娘を盗みだす場合さえあったという。またよそへ嫁《とつ》ぐような場合あらかじめ村の若者たちを招いたり、彼らに金をおくったりする風習や、よそから婿にきたものが村の若い衆の集まりに酒を出すという風習、あるいはよそへ嫁入るものがあると若者たちがその途中をさえぎって木を横たえたり、水をかけたりしてじゃまをし、酒をおくられてじゃまをやめるというようなことはあちこちできくが、これらは若者組の排他性のずっとくずれた形といえよう。娘がよそ者の子を生むような場合、たとえよそへ縁づいたものが村へ帰ってきて産をする場合でも、水のけがれで池の水が切れるといって、若い衆が村の池をまわって祈禱する所もあるが、上に見たような排他性が信仰に根をおろして残っているものといえよう。

若者組が力をあわせて努力した大切な仕事の一つは、自分たちの身のしつけや訓練であった。人の守るべき道から行儀作法にいたるまで、たとえば、親兄弟のいいつけを守るとか、長者にあいさつをするとか、賭博《とばく》やけんかをしないとか風紀をみださぬこととか、種々の徳目をしるしたおきてがあって、集会のおりおりに読みあげるのであった。これら徳目の実行についてもまた自分たちのあいだで検討する「アラ拾い」「友吟味」などいう集合が時をきめて行われる所もあった。仲間同士で過去の非行をあばき出し、検討の結果によってはまた仲間でなぐったり、三角たきぎの上にすわらせたり、仲間はずしにするなどいろいろの処罰も行われたのである。

若者組がいっしょにする仕事のもう一つには、種々な村仕事の引受けがあった。道路の修理や夜まわり、火消しなど、力のいる仕事はよく若者組の仕事とされていた。山村では山林の見張り管理などを彼らにまかせている所があり、漁村では海難救助をはじめ、船の揚げおろしなどたいてい若者組の仕事になっている。こうした仕事に対し、若衆ジロなどいう漁の分け前の与えられる所などもあった。

祭の準備から神輿《みこし》かき、獅子舞《ししまい》、その他いろいろの芸能を若者組が引受けている所はひろい。若者組に祭事連などの名が与えられている所もあったくらいで、祭に関連する仕事は若者組の仕事として割合に後々までものこっていたものである。

このほか若者組がよくいっしょに集まって夜業《よなべ》に精出しながら雑談に興じ、退屈になりやすい作業をも楽しくしていく風習は方々に見られる。それが地方によって特にきまったおりおりに行われるものもある。正月に集まってわらじをつくりながら話に興じるワラジビなどいうのもあれば、旧八月のころめいめいがわら一束をもってきて、ない終ると畑の枝豆など取ってきていっしょに食べるナワモジリなどいう風習もある。

このような若者組のつよい共同性、濃い共同の意識から出てくる排他主義で性生活の面にかかわるものは前にふれたが、それはもっと種々の面においてもあらわれている。よそからの入聟《いりむこ》など年はとっていても三年間小若衆として走り使いの役をつとめさせられたり、祭のおりの太鼓かつぎなど、ほねのおれる仕事をさせられるという類の差別待遇はいろいろある。若者の他村への出入りについても種々の制限があり、ちょっと隣村へいくにもひとりでいかず連れだっていくこととしたり、いっても差し出がましいことを控えるよう特に注意されていた所もある。

共同意識のうつりかわり

今もなお残る村落単位の強固な結合と共同意識の発達のほかに、なお所によると同族団体の堅い結びつきが見られ、そこにはまたつよい共同意識が働いている。同族とは本家とそれから分れた分家との一団をいうので、古く分れたものには血縁のつながりがもう見られぬくらいになっている。方々でマキ、カブ、イッケ、ジミョウ、ジルイなどさまざまな名でよばれているのがそれで、彼らは自分たちだけで祭る神をもち、正月や盆には本家にまいり、先祖をまつる風習がある。祝儀、不祝儀のおり、村の人々がより集まることは前に述べたが、同族はその場合も特別中心となって働くので、祝の品や香典も一般の人々より重々しくする。ことに分家に対する本家や、本家に対する一の分家のごときは婚礼にでも葬儀にでもきわめて重要な役割を演ずるのが通例である。そのほか普請、屋根替えなどの時も同族は特別に多くの助力をする。かつては領主へ年貢《ねんぐ》を納めるについても、同族が連帯して責任を負っていた所もあり、何事によらずまず同族に相談し、たとえ夜逃げするような場合でも同族にだけは話しておくなどという所もある。今でもひらけぬ所へいくと小さい組内を同族だけでしめていて、そういう地域をウチワなどとよんでいる所もあるが、同族以外のものも入りまじった村落で、その祭る鎮守が本来一つの同族だけで祭っていた氏神であったものの多いことなど思い合わせると、かつて同族の結合、同族の共同意識のつよかったのが、後々同族をこえた村落の結合へと発展し、つよい村落共同意識を生ずるにいたった場合が少なくあるまいと思われる。

また若者組の中で年齢のいっそう似かよったものが、おなじ宿に泊まったりして生涯密接な関係を結ぶことは前に述べたが、同じ年齢のものがつよく結びあっている風習はこのほかいろいろな方面にうかがわれる。婦人でも一定年齢になった時、たがいに気の合ったもの同士が契約姉妹などといって、一日同じ宿に泊まって、それから生涯かわらぬ親密な関係をつづけるような所もある。また屋根の棟《むね》の見える範囲内など、近所でおなじ年のものが死んだ場合、すぐ餅《もち》をつく年越しとか耳ふさぎなどという風習の行われる地域はずいぶんひろい。その餅は年をとった人に食べてもらうのもあれば、なるべくおおぜいの人に食べてもらうとよいといって、隣近所へ配るのもある。このおり大黒様へお酒をあげ、それをいただいて飲むというような所もある。耳ふさぎというのはその餅で耳をたたいたり、餅を耳にあてたりして「よいことときけ、悪いことときくな」とか「きこえんように」などと唱えるところから出ているのである。同年の人が死ぬと耳鐘《みみがね》がなるなどといっている所もある。死者は同じ年のものを恋しがるとか、死者は同じ年のものの口を吸うなどという所もあり、同年のものが死ぬと魚を食べるという風習も見られる。すべて近くにいる同年者は特別に親しいつながりがあって、そのひとりが死んだ場合わざわいが他の同年者の上にも及ぶと考えるため、それを防ぐための作法として生じた風習と思われる。同じ年のものの死んだ時、どんな親しいものでも会葬しない所があったり、死んだ同齢者のそばへいくにはふところに唐がらしを入れ、たもとに針や塩を入れていくとか、たとえ葬式にでても同齢者は箕《み》をかぶるなどといわれている所もあるが、みな同じいわれのものである。かの若者組、その他年齢階級別の堅い共同性はこのような同齢者間の共同性が村落組織の中に織りこまれて発展したものということができよう。

所によると同じ年のものの死んだ時ほしにしんを食べるが、それは近親者など特に親密なものの場合にだけ限るとしている。これは村落の共同性も同齢者間の共同性もややうすれかかってきたことを意味するもののようである。また南のほうの島には同じ村の同齢者の死んだときには何もしないが、他村の同齢者の死んだときだけに、ひしゃくに水を入れ水を柄のほうへたらし、柄からしたたりおちる水を飲むものとされている所がある。この島では島周《しままわ》りといって島内の村々の霊地を参拝してまわる時、途中でいきあって何か霊感のあった者同士がたがいに兄弟のちぎりを結んで生涯にわたる親しい交際をつづける風習がある。同齢者の強い共同性が村落の共同性をつきやぶって外へまで発展した形とも見られよう。

このように村落の強固な共同性にもかかわらず、それを乗り越えた広い範囲のつながりは古くからあらわれていたので、そこにもっと広い範囲の共同意識も芽ばえていたのである。

さきにもふれたように信仰関係からの人々の交通往来はかなり広い範囲にわたっていた。東北のイタコ、イチコのようなささやかな神霊をになって歩きまわるものもいろいろとあるが、霊山その他信仰の中心地から出る御師は諸国をまわってお札を配るとともに、他方には講中で代参をたてて遠方の神社、仏閣に参り、お札をいただいてくる風習も各地に広がっている。講中がそろって霊地を次々とたどりまわる大師参りとか三十三カ所の札所《ふだしょ》めぐりの風習もある。

また村々の相当へだたっているもののあいだでも、たがいに物資や労力の交換が行われる。ことに漁村などにはその海産物をたずさえて農村に行商する風習のさかんな所があって、まず海産物をおいてまわって収穫期にまたおとずれて農産物を集めて歩くというような方法はよく見られる。そういう行商の訪れる先々はダンナバなどとよんで、長く、時には数代にわたって親密な関係をもちつづけているのである。

高野聖《こうやひじり》など信仰の宣布《せんぷ》に従うものがかねて呉服の行商にたずさわるということもあるが、信仰の中心たる神社仏閣の祭や縁日には、市とふかい関係をもって結びついているものが少なくない。このほか城下町や交通の要路にも市がひらかれ、やがて店舗がつらなるようになって、近隣多くの村々から人々のより集まる機会もふえてくる。城下町などでは貢納の関係からも人々の往来が多く、貢納関係の不満からはよく数カ村におよぶ範囲の人々が密接な連絡をとることがあった。また隣接する数カ村などは入り会って共同につかう山野や磯をもっていることが多く、しばしば利害が相反して争論をかさねたこともあるが、たがいに折り合っておだやかに共同の使用をつづけていった場合も少なくないのである。

村落中心の共同性には、このように外に向かってより広い範囲の共同性の中にとけこんでいこうとするきざしが見られるとともに、いわばその内側においても、その共同性のくずれようとするきざしがまたうかがわれるのである。つまり村落内の家々のあいだのへだたりのあらわになったことがそれで、あとから村落内にはいってきたものたちが、古くからいる人々と違った地位にあって、祭などについても中心的役割にたずさわらないことのしばしばあるのは前にも見たとおりである。このほか同族の中でも本家が分家と違った位置にたち、盆正月などに分家のあいさつをうけるような地位にあることも前にみたが、資産の上でも本家が分家と違うことが多く、時に分家はなんらの土地も与えられず、本家の土地を耕作するとか、漁に出るにも船をもたず本家の船にのりこむというような所さえある。古くからあった家、草分けの家は、しばしば村落の行政上においても重きをなし、名主、組頭など役付はそういう家筋から出るようにきまっていた所はめずらしくなく、そういう家は村落の中でも広いよい土地を占めているのが通例である。経済上の変動の少なかった時代でも人々の気質や運不運で一家の浮沈はおこりうるので、神仏の恩寵《おんちょう》や神霊のたたりである家が富み栄え、また衰えていったと説く伝説は各地に数々ある。こうして村落の中に上下の層ができ、経済その他いろいろの生活面でたがいに差異をあらわしている。ごく卑近な家族の呼び方などにしても、上流の地主階層で父母をオトト、オカカと呼ぶに対し中流の自作農では単にトト、カカといい、下流の小作人階層になるとツァマ、チャチヤというというふうに、所によって呼び方は違うが、上下はっきり区別がたっている所は少なくない。

実の親のほかにオヤをたててその力にすがろうとする風習は、幼い子供のためのオヤどりなど呪術《じゆじゆつ》のにおいのするものもあって、すこぶる古いおこりのものと思われるが、成年のおり、あるいは婚姻にあたって有力者をオヤとし、それにコとして仕えるとともに、いろいろの場合に相談をかけ、援助を仰ごうとする風習は、こういう上下層のへだたりの進行とともに盛んになったようである。力のあるものはたくさんの家のオヤとなり、十人、数十人のコをかかえるものもあり、子分の子供たちはまた同じ親方の家にオヤをたのみ、代々親方筋の家というものができて、大きな力をもつようになっている所もあるのである。

居住の束縛がとりのぞかれ、交通通信の手段が急速に進歩したここ八、九十年のあいだ、人々の往来は頻繁《ひんぱん》となり、政治に経済に教育にその他あらゆる文化の面において村落をはるかにこえる全国にまでおよぶ幾多の組織がのび、国民意識にまでおよぶ広い範囲の共同意識もはっきりと形づくられてきた。ただ古来の村落中心の共同意識はまだまだのこっていて、かつて栄えた若者組など年齢層別の村落共同意識とともに、より広い範囲の共同意識の形成に大きな影響をおよぼしている。

まず村落中心の共同意識はその狭さのゆえに、より広い範囲の共同にあたって統一的活動をはばむ傾きがつよい。今日の一村の範囲内でも、道路の修築、校舎の建設など事ごとに村落間の対立がつよく争いのたえぬ源となっている。

さらに在来の村落や若者組の共同意識のまとまり方、働き方における特性が、新しいもっと広範囲な共同意識の形成の上に力づよく影響している面のあることも注意せねばならない。在来のせまい範囲の共同意識のまとまり方、働き方における特性としていいうるのは、まずそれが慣性的にまとまり慣性的に働いていくということであろう。人々がいろいろな共同の仕事をし、共同の行動に出ていく場合、各自がその場合の情勢の具体的判断に基いてそうするというよりは、昔から人々がみんなそういう行動をとってきたということから、それに従っていることが多い。そこには個性の発達がはなはだ弱いのである。広い世間からひきはなれた変化のとぼしい環境の下に暮していく場合はそれでもさしつかえはないが、諸方の影響をうけて刻々に大きな変動をする広い大きな圏内において、各人がしっかりした判断を働かすことなしにいっしょに動いていくのは、しばしば好ましくない結果を招来する。

もう一つ在来の村落中心の共同意識のまとまり方、働き方は個々人の道理的判断を用いることがはなはだ少ないというばかりでなく、むしろ道理的判断を時にひっこませ、ただ一時の感情のとけあいにより動いていこうとする傾向がつよい。こういう感情のとけあいを進めるものとして、種々な機会における人々の共同飲食があげられる。元来人々が共同の飲食物をとりあうことによって、一体にとけあって、たがいに助け助けられるようになるとの考えは、ずいぶん根深いもので、幾多の慣習にそれがあらわれている。先にあげた同齢者の死亡によって身に危険のせまるような場合、餅をついて人々と食べあう風習もその一つであるが、一般に親しいものの死亡の場合、出産の場合、村落へ人が住みつく場合、不安な広い世間へ出ていく場合、そのほか人々が一つの集団を脱して次の集団にはいる場合、はなれている人々がたがいに親しい関係にはいる場合などすべて共同の飲食が行われる。商売上の取引関係にはいる時とか取引の話合いがついた時などにもそれがある。あるいは大工に家の普請をたのむというような時にもこういう共同飲食が、普請主《ふしんぬし》と大工とのあいだばかりでなく、普請主に親しい親戚のものがそれぞれ大工を招いて共同飲食を行うという所さえ見られる。村落のつきあいに、あるいは若者組のつきあいに、共同飲食の盛んなことは前に述べたとおりである。人々のつきあいが広い範囲にのび広まった際においても、この常用の手段はいっそう忠実にひきつがれ、何事にあれ、むずかしい問題の解決がせまられると、人々が単に論議をつくして合理的な解決の道を求めることよりも、この共同飲食をもって感情のいっ時のとけあいにつとめることにむしろ多くの力が注がれるのである。こうして広い範囲の商売にも政治にも会食会飲というものが、大きなほとんど不可欠な役割をしめることとなっている。

共同の飲食をする代りに一方で食べたと同じものを他方へ贈り、時には一つの機会におぜいのものがたがいに贈り物をしあうという贈答の風習も、冠婚葬祭や年中行事のおりふしに広く行われ、これもまた村落共同意識の育成に役だっていたのであるが、同じ風習はやはり広い範囲のつきあい、広い範囲の共同意識の生育の上にも尾をひいて人々共同の合理的判断を時に妨げようとする面をもっている。

さらにもう一つ、各自が合理的な判断力をもって、いっしょになって検討をつくし、共同の結論を出すという行き方に欠ける所があって、とかくおおぜいのおもむく所にいわれなく同調し、感情が合理的判断をおおって、たやすく共同化してしまうという村落共同意識の欠陥は、またしばしば親分子分関係をとおして、勢力を張ろうとする個人、権勢欲にもえたつ者の支配を容易ならしめる危険もある。さきに述べた親分子分の関係は新しく大いに伸びた村落外の広い社会関係においても、不安に対するかっこうの手段としていろいろの方面に伸び広がっていったが、ひとりの積極的な働きかけによって容易に思う方向にみちびかれる危険をもつ村落の共同性は、親分子分関係の筋をたどって、これをあやつろうとする野心家のある場合、その野心の実現を割合に易々《いい》たるものにする危険があるのである。

七　日本人の表現力

生活と表現

　この章では日本人の生活表現について述べてみたい。表現といえば生活行動のすべてに関係してくるが、ここではおもに言語表現を中心として考えることにする。もちろん言語表現といっても、それは日本人の思考や感情生活と離しがたいものなので、それらについても自然触れることになると思う。ただ日常の社会生活における表現を取り上げるので、文化財としての芸術における表現については特別に説かないつもりである。

　まずわれわれが日本人というとき、どういう日本人を考えているのであろうか。代表的日本人として少数のすぐれた人を問題にする場合と、平凡な一般人を考える場合とではおのずから違いが生ずる。また両者をともどもにひっくるめて、すべての日本人に共通する最大公約数のようなものを想定することもできよう。しかし従来内外人の書いた日本および日本人論を読むと、概して都会における日本人だけを観察し、しかも近世以後における日本人の生活だけから判断して物をいっているものが多い。長所をたたえ、短所を指摘するのにも時代による変遷を無視し、局部的な現象を取り上げて論ずる傾向が強い。

日本人の生活表現になんらかの特色があるならば、それは日本社会の構造や機能の特色に基いているといえよう。さらに社会生活の基盤をなす自然環境についても考えを及ぼさなくてはならないのは当然である。日本の風土の特色がわれわれ日本人の性格や行動に影響を与えていることは、すでに多くの人たちにいいふるされたことである。地形が複雑で季節の変化がいちじるしいさばくや草原地帯にすむ人々よりは、自然環境から受ける刺激が単調でなく、生活表現の上に緻密《ちみつ》と繊細とを加えることが想像される。しかしこのような自然条件をあまり過重視することは禁物である。生活表現は人間のかたちづくるものであるから自然条件よりは社会条件を大きく見なければならない。政治や経済の力が生活様式を変革させていくことは、われわれのふだんに経験しているところである。さらに必要なのは歴史を通して生活を考えることである。上古から現在まで日本人の生活は一貫して昔のままであるのではない。時代時代の変化によって着色され、絶えず新旧生活の交替が行われてきたのである。われわれが日本人の生活表現を考えるとき、これだけの前提は承知していなければならない。

日本人の生活表現のなかには近世以降になってはじまったものがあり、新しいものでは明治以後目だってきたものも少なくない。日本人であるがため大昔からもち伝えてきたものもあろうが、社会生活の変遷の結果、新しく身につけたものがそれに劣らないくらいある。封建時代につちかわれた慣習が、今日の日本人の生活に残存していることは多くの人の説くところである。多かれ少なかれわれわれの生活表現が歴史の中に根原を持つことは否定できない。

幕末ロシア使節のプチャーチンに随伴して来朝したゴンチャロフの手記を見ると、彼の応接した幕府の役人がいずれも無表情で、一見魯鈍《ろどん》のように見られたことをしるしている。そして封建制下における人間の自由を束縛した結果のように書いている。これはゴンチャロフばかりでなく、当時来朝した外人のたれしもが感じたことらしい。日本人は東洋人の中では敏活でかしこいようにいわれているが、欧米人と比べてみると表情がとぼしく生の躍動が感ぜられなかったらしい。

日本人は表情にとぼしいとよくいわれる。これは喜怒哀楽を色に出さないという武士のたしなみが一般の習いとなったようにいう人もあるが、そんな簡単な理由だけではあるまい。東洋人はいったいに西洋人に比べると顔面が平面的で筋肉の動きが表に出ない。能面のような顔と形容されるが、この特徴はいろいろな原因に基くものであろう。これはしかし無表現とはだいぶん違うのである。むしろ細かい表情のかくされていることを示しているともいえる。よく注意しないと見のがすような心の動きが顔にあらわれていることがある。つまり日本ではごくせまい社会によく気心の知れ合った者同士が何代となく年月を重ねて生きていたので、微細な顔面の表情だけで相手に気持を伝えることができたのであった。

第一に目つきである。目は口ほどに物をいうとは、おもに愛情の表白にいわれることであるが、人をとがめる目など、われわれがよくいなかへいくと、外来者に対する警戒のまなざしとなって向けられることは経験した人が多いと思う。あるいは仲間の者だけが、それとなく目くばせして意思を伝達し、あいずをかわすことは日常しばしば目撃するところである。つまり表情といっても人が意識してつくる表情と、感情が自然にあらわれる表情とは一応別にして考えねばならない。後者は人間である以上、そうかわりはないと思うが、前者はその人の生きる環境や教養によってかわり、複雑な因子が作用してあらわれるので、民族によっての特殊性も考えられる。

身振りやしぐさのようなものも民族により特色がある。一例をあげれば日本の男子は恐縮したり閉口したりするとき頭に手をあげる。これはいつごろからはじまった風習かわからないが、芝居や落語などにもよく見かけることである。西洋人はこんな場合、両肩をあげ、首をすくめ、あるいは両手をパッと開いたりする。日本人のこの風習は封建時代に相手にわびて首を切ることだけは勘弁してくれというかっこうを示したものだといった人がある。いかにも奇抜な解釈である。また日本人はぐあいの悪いとき、失敗したとき、笑ってごまかす風習があり、これが西洋人には理解できないらしい。人にてれることがはなはだしく、体裁をつくることに意を用いすぎる。もっとも頭に手をやることは日本人の癖で、以前かぶりものをつけていたときの習慣がのこっているとも解されるが、そのほかに日本では気候風土の理由によってか頭にフケがたまりやすく、かゆみを感じやすいため頭をなんとなくかく習慣が養われていたことは考えられる。しかしこれと前述の頭へ手をやるのとは関係があるかどうかはわからない。こうした日本人に共通して見られるちょっとした挙動が習俗として歴史的なものか、また民族性の上に根拠をもつ表現であるかは容易に決定しがたい。たとえば人をけいべつした時、フンと鼻先きであしらう。これは笑いが弱者に対する強者の優越感を示すように、このフンというのは相手を見下したことになる。からだの痛みに対するまじないにいぶきをかけることがあるが、この鼻さきのあしらいも鼻いきをかけるにあって、本来は呪術《じゆじゆつ》と関係したこととも受取られる。また婦人が手や着物のそでで口をおおいながら話しをするのは一種のはじらいではあるが、何か歴史的に原因するところがあるのかもしれない。

表現について述べるからには、内的表現についても一言しておきたい。つまり頭脳の中に描く象形《しようけい》のことである。日本人は自然物を象形的に見る習慣が強いように思われる。岩石や樹木の形を人間や動物の形に見ることは例証をあげるまでもないことである。牛石とか、かさ松とか呼ばれる木石があり、それがまた地名となり、伝説として語られている。自然を一つの図形として考えることは星座の例をあげてもわかるように、日本ばかりでなく人類に共通した心性であるが、日本人には現代にいたるまでこの好奇心が色濃く見られる。心の内における表現は信仰の世界においていちじるしく、神霊に対する神秘感は神体として考える物象にあらわれている。日本人は石に対して特殊な考え方を古代からもっていた。神社の神体に石を蔵しているのが多く、神体石の出現についての伝説はよくきくところである。エビス石といって海岸から小石を拾ってきて祭る例もある。それらの石は特殊な形をしたもの、きれいな色や模様をもったもの、すなわち赤石、白石、青石もしくは縞石《しまいし》などである。文字石といって文字と思われる図形のあるものを大切にしている。つまりこれらの石に神霊が宿ると見たので、生石といって大きく成長する石もあった。周囲を海にとりかこまれ、内陸には大小の渓谷が多いので、自然奇異な形をした石が豊かに得られたのであった。神像をつくることは後世のことであり、仏教の影響によるらしい。本来日本人は偶像教徒ではなかった。神霊そのものを童子とか白髪《しらが》の老翁《ろうおう》とかに具象化して考えたよりも、もっと以前から神霊の依代《よりしろ》として丸い石とか玉とかいうものを霊物として考えていたようである。

円石の神体（山梨県の道祖神）

敬語

日本人の生活や文化のなかで、欧米のそれと違っているものがあると、それを封建制の遺習のように断ずるふうが見える。封建時代からそのまま受け継いできた習慣のあるのは事実であるが、外国と違った生活様式がすべて封建制という社会制度によって生みだされ、維持されたものかどうかは疑わしい。

言語生活において、この意味でいちばん問題になるのは敬語である。敬語は上下の関係を前提としてのことばづかいなので、主従関係を基本として維持された封建制と深く関係しているといわれる。したがって敬語のようなものは民主化のためには廃止してしまったほうがよいという論法も生れてくる。しかるに一方には敬語は日本語の特徴であり、むしろその長所を生かすべきだという考え方もある。

このような議論に対する賛否は別として、敬語の存在が時として非難の的となるのは、それを使用するのが煩わしいからである。まちがえれば笑われ、礼儀を知らないものと見られる。とくに地方から中央へ出てきた人が、敬語の正しい使用をあやまることがある。これは標準語の敬語法がのみこめないので、自分の生れ育った土地のことばでしゃべれば子供でないかぎりまちがうはずはないのである。方言で生活していた人が東京へ出てきてことばをまちがえるのは、なにも敬語だけにはかぎらないのである。方言にも敬語のあることはいうまでもなく、場合によっては標準語のそれよりも複雑な用法が見られる。身分や男女の別によって敬語の使い方が違い、敬語の中にも最上級の敬語があり、目上から目下に使うていねいな物言いにあたる敬語もある。

身分や格式のやかましかった時代には、この対人関係のことばづかいは実際やっかいなものであった。沖縄には戦前まで士族と平民との区別、その目上目下などによって応対のことばがかたく守られていた。したがって彼らのいわゆる大和口《やまとぐち》すなわち標準語で話す場合は、この区別がなくてすむので、気やすかったのである。藩制時代には各藩のうちでもことばの違いがあり、方言はずいぶん細かく分れていた。封建制度が方言差をいちじるしくしたといわれているくらいであり、各地方ごとに城下町のことばがその地域の標準語としての地位を占めていたのである。しかもその城下町のことばがまた一つではなかった。

一例として信州（長野県）松本藩の例をあげると、旧藩士のことばには二つの系統があったという。すなわちお屋敷ことばと安原《やすはら》ことばの二つが区別されていた。前者は諸士分、後者はその下の階級の用語であった。これらのことばは三河（愛知県）美濃（岐阜県）志摩（三重県）など藩主戸田侯の前任地の地方語が混入したものといわれている。お屋敷ことばと安原ことばとの差は第三者にはたいした区別なくきかれていたのに、諸士分は安原ことばは下品だといっていた。要するに安原者といわれる足軽などのことばは国替えのつど、行く先々の土地のことばを取り入れていったのに反して、士分のほうではそうした同化を容易に行わなかったによるらしかった。松本の士族と称する人の士分かどうかをわかつに便利な語は、物を製造するということばであった。こさえるというのは士族で、つくると必ずいうのが士分でない者であった。

国語の敬語法が煩雑なことは否定すべくもないが、外国語にもそのようないいまわしが全くないのではない。どこの国の言葉にもていねいなことばと粗野なことばとの区別はある。ことばの使い方の上品、下品によってその人の教養の程度がおしはかられる。よく英語は日本語のように人称代名詞の種類がほとんどなく、たれとでも自由に話せるから気が楽だという。しかし実際には語彙《ごい》そのものは同じでも、ことばの調子や使い方によって相手に与える感じは全く違ってくるので、聞き手はそれによって相手がどの程度の教養の持ち主か判断しているのである。つい近いころ、外国人をまじえてのことばについての座談会に、ある日本人が外国には敬語がないから話しよいといったのに対して、ある外人が同じことばに十幾通りの話し方があって、よいことばを使うのは非常にむずかしいのだといっていた。日本人が話せばきくほうもハンディキャップをつけてきくから細かい注意をしてくれないが、それで通じると思っていると大まちがいである。

敬語の乱用は社会圏の拡大に基くところがある。生活の場面が封鎖的な小地域から広く外部へと広げられてくると、見知らない人々との接触が多くなっていく。その場合相互の話し合いは対等ではあるが、ていねいな物言いをもってするのが普通である。敬語ふうな話し方が一般化されるのはこうした理由によった。ことに婦人はつとめてていねいな物言いをする必要が感ぜられていたのである。

敬語と結びついてしばしば話題にのぼるのは日本語の代名詞である。わたし、あなた、おれ、おまえ、ぼく、きみなどそれぞれ十幾通りかの呼び方がある。英語でいえばユウの一語で便ずるところを、日本語では話す相手によって人称代名詞を使いわけなければならない。

目上の人に「きみ」といったためにしくじった話は一度ならずきいた。人を呼ぶのに、だれだれさんといい、なになに君というなど微妙な使いわけを要する。先輩を君《くん》づけにして生意気だといわれ、知らない人の前でだれだれ君呼ばわりして自らを高く思わせる芸当もできる。こういう対人関係における用語の区別は、身分や格式の差別がなくなってくれば自然に消滅していくであろう。事実最近はだんだんに整理されて日常の会話で口にされることばは少なくなっている。それに小生とか大兄とかいうような文字の上にしか使われないことばが相当にある。その代りこのごろは先生ということばがやたらに使われて、国会議員をはじめ美容、遊芸などあらゆる技芸者にいたるまで先生と呼ばれ、また呼ばせるのを当然のこととしている。日本語の片言《かたこと》を使う外国人までもこれを口にしている。民主主義がさけばれる一方に、このような妙なことばが平気で使われているのはおかしい。

代名詞のついでに述べてみたいのは、話者とき手をひっくるめたことばである。今日では「われわれ」とか「わたくしたち」とかいうことばが一般に使われるようになったが、これはむしろ新しいことである。柳田国男先生はこれについて次のように書いておられる。

「日本の口語には、話を聞く相手方をひっくるめて呼ぶようなことばは最初からなかった。ことに「わたし」はこちらのもの、内にいる人という意味で、もとは女だけが自らをいう語であったが、後にはおいおいと男でも主人をもつもの、家来と名のつくものがみなわたくしというようになり、それが武士という大きな階級だったために、次第に一般に及んだのである。いくらそのあとへ「たち」をくっつけてみたところが、話しをする向こうの人までを、この中に入れるわけにはいかなかったのである」。これはきわめて大切なことである。つまりわれわれ日本人には、民衆がわれわれというような発言をする機会がとぼしかったのである。昔でも村寄合いのように人の集まって意見をかわす機会はあったが、ごく親しい者同士なのでとくにわれわれといって立場を明らかにする必要もなかった。またそうした席にしても、わが国では家格や年齢などにより座席の順がきまっていることが多いので、すべての者が必ずしも平等の仲間として自由に発言できるともきまっていなかった。とにかく日本では、おおぜいの公衆を前にしてしゃべるということは新しくはじまったことなので、そのような場合における表現方法は発達していない。座談のうまい人は相当にあるが、演説となるとうま味のある話し方をする人がずっと少なくなる。

ここまで述べてくると女のことばに言及せねばならなくなる。女性のことばに対する批判は戦後になって急に盛んになり、敬語と同様に封建制の遺風として攻撃されることになった。はたして婦人語がその社会生活の低かったことに関連しているのであろうか。婦人語の存続するかぎり男尊女卑の思想は抜けきれず、婦人の自由は得られないであろうか。これは大きな問題で、言語だけを論じてもわからない。広く女性の社会史を明らかにした上でないと結論は出せない。

男女のことばの違いは、すでに奈良朝期の文献にあらわれている。男が漢語を使用するようになってからも、女はそれを避けていわゆる「やまとことば」を使ったことが、よけいに男女のことばの差別を生ぜしめた。これはもちろん限られた階級のあいだに見られたことで、一般庶民の言語はそれほど男女の差別がなかったと思う。後世になると「女房《にようぼう》詞《ことば》」のようなものが特殊な社会の用語として発生し、それがだんだんと一般にもていねいなことばとして使用されることにもなった。女が男よりも敬語を多く使用することはいうまでもない。金田一京助《きんだいちきようすけ》博士によると、アイヌの婦人は自分の夫《おつと》に対して絶対敬語を使用するという。すなわち他人に対して夫のことを話すには敬語を用いるのである。国語にもそうした慣習があったかどうかはわからないが、すくなくも夫に向かっては敬語を用いる風習があった。真下三郎氏の「婦人語の研究」にはいろいろな例が引いてあるが、妻が夫に対して敬語を使わないことをおこった話を狂言「岡太夫《おかだゆう》」から引用してある。すなわち、女「ごしゅ海の底にはなっとうの沙《すな》を敷くとは、納豆を肴《さかな》にして酒ばしくらうたか。」
婿「酒ばしくらうたかとは、藁《わら》で作っても男ぢやに、くらうたかとはどうした事ぢや。おのれ聴《き》かぬぞ。」

とあるように、妻が立腹してはいたことばに男が、わらでつくっても男は男だと憤慨しているのだが、妻の乱暴なことばというのが「くらうたか」ということばにあったのである。

婦人はていねいな物言いを要求されたので、自然に敬語を多く使うようになった。江戸時代には「お」の字を敬語としてつけることが多くなり、それが明治にはいってからだんだんはげしくなった。とくに東京人はよけいに「お」の字を使うので、敬語や婦人語の話といえば、このことが取り上げられるようになった。こっけいな例などはいくらでもあげられるが、「おコーヒー」とか「おコップ」とか外来語におの字をつけるなどはことに目だっておかしい。

敬語にしても、ていねいなことばにしても話す相手に敬意をはらっているのであるが、程度を越えたていねいさは、相手を敬うというよりは自分がよいことばを使っているという意識だけがあらわに感ぜられ、かえって敬語の効果を弱める弊風と称すべきである。すでに気がついている人もあるが、最近は受身の語法をさかんに用いる傾向がある。「何々させていただきます」という自卑の表現は長上に対してのみでなく、商売の広告宣伝にも目について使われる。「会議を開いた」といえばすむのに、「会議が開かれた」とか「もたれた」とかいう受身のいいまわしが行われている。これは外国語の受動形、翻訳文の影響にはちがいないが、それだけの理由ではなく、このような間接的な表現は人に対するあたりが強くなく、社交を円滑ならしめるという心持があるのだと思う。

言語芸術

日本人の言語表現を考える場合に、ことわざの働きを無視することはできない。日仏辞典の編者として、また滞日四十年にわたる神父として知られているマルタン師は、日本語の難解なことについて近ごろ一文を草された。その中に日本人は会話に格言をよく使用すると見えている。ことわざはたしかに日本語の特色ある表現であるが、このごろの人の使うのはおもに漢語の熟語で、それもほんとうの意味をよく理解しないで用いている。以前に発達していたことわざの機能はむしろ近来衰えつつあるといってもよい。

ことわざはたとえともいうように、何々のようだ、何々というものといった表現をとるものが多い。壱岐《いき》でことわざのことをテーモン、肥後でチャーモンというのはいずれも「というもの」の意味である。ことわざの種類はたくさんあるが、その中に人を批評したものが多くを占めている。批評といっても人の性質、行動を何かにたとえたので、なかには皮肉やあてこすりをふくんだものがある。本来ことわざは口の技《わざ》のことであり、古くは現在より広い意味に用いられていた。上代から文献の上に見えているが、古いことわざは割合に伝わらず新しいものにどんどんかえられていった。古事記には「所を得ぬ玉造り」ということわざがある。これも一種のたとえで、職人は土地に定着していなかったので、「ところをえぬ」というたとえにひかれたので、玉造りはその代表としてあげられたにすぎない。

ことわざ形式は記憶しやすいので、生活上必要な知識を若い者に伝達する方法として利用されていた。農業や漁業など長いあいだの経験に基く知識がいろいろとあった。これらの生業は天候や季節に左右されるところが多い。日本は地形が複雑で気象の変化がはげしい。これに対応した知識がどこでもことわざの形で伝えられている。たとえば「東かみなり雨ふらず」「秋の夕焼鎌《かま》を研《と》げ」「八十八夜の別れ霜」「朝雨に笠《かさ》いらず」など各地でいうが、そのほか秋田地方で「寒《かん》かだちはかまいらず」というのは寒中にかだち（雷鳴）があれば翌年は不作で稲刈るかまも必要はないということである。和歌山県下で「雨栗日《あめくりひ》柿《がき》」というのは雨がつづいた年はくりがよくでき、日照りの年は、かきがよいとの意味である。「木六竹八塀十郎《きろくたけはちへいじゅうろう》」というのは人の名前のようでこっけい味を帯びているが、木は旧暦六月、竹は八月に切るのがよく、へいは秋のあらしの過ぎた十月につくるのがよいということである。

このようにことわざも形式のおもしろさのみがもとめられると次第に内容がとぼしくなる。今日秀句として記憶されるものには、ことばのしゃれだけでたいした意味のないものがある。「紺屋の地震であいすまぬ」（藍が澄まぬ）とか、「猫《ねこ》のお椀《わん》でにゃわん」（似合わぬ）とかいうのがそれである。またことわざはもとの意味がよくわからないのに、これを使うと一応理屈を通したことになるからおかしい。日本では人といいあらそったり、自分の都合の悪いときことわざや古句を引用して心境を語り、それをもって人の非難に対する煙幕とすることが行われている。

ことわざについで、民衆の文芸としてあげなければならないのは民謡である。これには和歌や俳句よりも民衆の表現が卒直に展開されている。民謡は土地のことばでうたわれ、題材も直接民衆の生活からとられている。民謡にも多くの種類があるが、ことわざに似て人に対する批判を含んだものに「あて歌」というのがある。柳田先生は歌に争気というべきものがあるといって、このあて歌について次のように述べておられる。ただの会話ではいい得ないことを、歌の文句で遠慮もなくいってのける。それは必ずしも悪意をふくんだ口いさかいの場合でなくとも、しばしば気のきいたことばで相手に歌い勝とうとつとめ、一方は負けまいと張り合うところに競技者のみの味わいうる愉快な興奮がある。

田植歌にはこのあて歌が多い。二、三の例をあげると、

あがれとおしゃれ田主どの
一度に人はこらさぬものよ

田主は太郎次とも歌われている。田植の休息を催促する歌である。

五月田植に泣く児《こ》がほしや
あぜに腰かけ乳のまそ

授乳するために田植の手を休めることのできる女に対するあてこすりである。

植田の中に立てるは
田の草取りか鳥おいか

鳥おいはかかしのことと思われる。みんな腰《こし》が痛むのをがまんしているのに、ひとりだけ腰をのばして立っている人に対する皮肉である。

たとえとか、あて歌とかに似た表現にあだ名がある。本人が承知するとしないとにかかわらず、人をあだ名で呼ぶことはわが国では上代から行われていたらしい。ニックネームの研究は外国でも行われていて、民俗学の採集項目の一つとしてかかげられている。安成三郎氏がかつて書かれた「能代《のしろ》人の綽名《あだな》」（民族三巻五号）によると、秋田県能代では人のあだ名をつける風習があり、それが一子相伝で代々継承されるという。人ばかりでなく町にまであだ名がある。それを見ると馬コ、牛コ、からすコ、かれいコ、きつねコなど動物の名が多く、またダマリ、ズボ医者、ホネカラ、ムズカシ、ヒョットクなど性質や顔かたちによったものが少なくない。このようなあだ名の風習は能代ばかりでなく、全国に共通していることと思う。

あだ名と同じような表現をとるものに悪口や罵言《ばげん》がある。東北地方ではよく物とがめをする人を「オシラサマのようだ」という。オシラ神は東北地方で家の神として信ぜられ、同名の人形をまつるのだが、よくたたる神なのでこうした形容が用いられる。またオシラサマには毎年新しい着物を古いものの上に重ね着させるので、着物を何枚もきている人を「オシラサマのようだ」という。同じ形容にぼろぼろの着物を着たのを「淡島様《あわしまさま》のようだ」ということばを各地できく。願人坊主《がんにんぼうず》のもって歩いた淡島様の厨子《ずし》に衣類などがいっぱい下がっていたところからきている。昔は共同の仕事をする機会が多かったので、人の仕事ぶりを批評した罵言がある。仕事のはかどらないのを「すずめに米一俵あずけたようだ」という。ネブカタクリというのは、ねぎの皮をむくように時間がかかることで、タクリは東北地方ではがすことである。無理をいうことをゴンボホリというのは、ごぼうを掘るのにほねがおれるからである。日本人の罵言といえば「バカ」の一語ばかりが有名になって海外にまで知られているが、ほかにいくらも巧みないい方があったのである。バカなどは意味もよくわからず、たいした効果もあがらないうま味のない罵言である。

漢語の弊

われわれ日本人は日常の会話をどんなふうに行っていたか、近世以降のことはだいたいわかるが、それより古くさかのぼるとだんだんわからなくなる。文章にのこっている会話はわずかながらあるが、実際に全国の庶民階級のものがどんなことばを使って、どのような話をしていたかは想像にうったえるよりほかない。上代人のことばとわれわれの使っていることばと、どれくらい違っているか、それがわかるとおもしろいと思うが、上代の人はかなりことばを大ざっぱに、同じことばをいろいろな意味に用いていたので、実証することはなかなかむずかしい。日本人が漢字を採用したことが、国語の上に決定的な影響を与えていることはいうまでもない。われわれの口ことばは漢語のためにいろいろな不便を感じている。漢語には同音異語がきわめて多い。シナ語で発音すれば四声の別があるので区別できるが、国語にはいるとすべて同音になってしまう。講演や放送などにいちいちどういう字を書くかを説明しながら話をする。ふだんの会話にもどんな字を書くのですかときいたり、きかれたりすることはごく普通なことである。第一、人の名前からして、きいただけでは書くことはできない。こんな言語表現の障害をもつ国はほかにないのではなかろうか。表現力の点からいって大きなマイナスで、国語のおそるべき病といってよい。ローマ字採用の容易に行われ得ない理由の一つもこんなところにある。そうかといっていちいち長たらしい「やまとことば」に漢語を改めなおすこともできない相談である。

漢字のよみ方については考えてみなければならないことが多い。上代の記録文書における古訓なども、現在よみ方のほぼきまっているものとて、それが当時における一般民の日常語そのままであったかどうかは疑わしい。古訓がまちがっているとしか思われないものがある。古訓どおりのよみ方では意味が通じないで矛盾するものがある。訓には解釈としてのよみ方があるので、それが現実に使われたことばとはいえない。

漢字によって国語を表記することがかなり困難なものであったことは、古事記の序文にある安麻呂《やすまろ》の言によっても知られる。

「己因㆑訓述者、詞不㆑逮㆑心、全以㆑音連者、事趣更長」と述べているように、漢字をもって文章をつづけるに際して、いかに内容を正確に伝えるのに苦しんだかがうかがわれる。漢字を和文化し、また和語に漢語を取り入れていろいろと努力しながら、長い年月を費して漢字体の文章を成長させていったのである。

漢字を採用するにあたって、文字と国語とのあいだに生ずる「ずれ」はいろいろな混乱を国語の中にまきおこしている。文字を単に表記のために利用したにしても、いわゆる漢語が国語の中においおいと取り入れられてきたことはわかる。漢字は表意文字であったため、それがそのまま国語の表記に使用される便宜があった。しかし有形物などで物と名称とが同時にはいってきたものならまちがいはなかったが、彼此《ひし》の実際をよく知らないで文字やことばを移入するとなれば、どうしても誤用の生じるのは避けられなかった。牧野富太郎博士がいつもあげておられる植物名のごとき、日本とシナとでさしている植物が全く相違している例が少なくない。しかるに古く採用された漢字の表記は長い時代を経て固定されてしまうと、日本人が実際にいだいていた意味が忘れられ、文字の上から逆に解釈がほどこされるようになる。だから厳密にいうと、日本人の固有信仰のようなものをさぐるにはいっぺん文字を離れて考えてみる必要がある。

漢語をしげく使い、漢字を必要とする生活は明治以後急激に増大してきた。それ以前にあっては庶民の大部分は日常生活において文字を必要としていなかった。本や新聞雑誌を読むことはなかったので、ごく少数の人が記録をつけるために文字の知識を必要とした。武士や役人に直接応対する村役の者などは学問のある者もあったが、だいたいは限られた用向きを処理する文字の知識で事足りたのである。武家の中にも十分文字を解しない者はあったのである。その代り自分たちの住んでいる社会の中で相互の話が通じないということはなかった。口のうまい者、話しべたの者はあったが、少なくとも自分の心の中を人に伝え、人のいう意味を理解することはできたのである。しかるに明治になって文字教育が義務教育として全国民に行われることになり、文字教育によって国民を指導することになったので、漢語の知識が大いに勢力を張ってきた。その結果、国民の中に漢語を自由に駆使しうるものと、これを理解し能わざるものとを生じたのである。繁文縟礼《はんぶんじょくれい》というむずかしいことばで非難されたような政治が行われたのは、漢字漢語偏重の弊に発したもので、今日のことばでいえばコミュニケーションが十分に行われていないのであった。このような状態の下では、代議政体のうまく活用できないのは当然のことであった。これは国民に代議政体を運用する素質がないのではなくて、それを理解せしめる指導方法を誤ったのである。漢字を四つ並べた熟語は語呂がよいためか標語や合いことばに盛んにつかわれる。政治運動をはじめ何か新しい計画を宣伝するにはいつもこの表現が用いられる。尊王攘夷《そんのうじょうい》、文明開化からこのかた、一億一心、八紘一宇《はっこういちう》までどれだけの宣言が唱えられたかしれないほどである。綱紀粛正《こうきしゅくせい》などいつの御代にもくりかえされるが、効果のあがったためしはない。こう四文字をお題目的に唱えているだけではいかにも浅薄である。かけ声に陶酔するだけで、実際はなんのことやらわからないのが多い。これも全く漢語尊重の弊である。昔の庶民のことばにも漢語がはいっていたことは、方言をしらべてみればすぐわかる。ただこの場合はもう漢語である意識を離れて、生活用語の中にとけこんでしまっている。したがって文字表現の必要はなく、字を聞かれれば、かえってわからないものがある。そのかわり原義とは違って、土地土地の意味をもって通用しているのである。

思想の伝達

日本では難解の文章をありがたがるふうがある。普通の人が容易に理解できない深遠な思想が盛られていると思うのである。これは経文《きょうもん》をありがたがるのと同一で、ただ読んで唱えることに意義を見いだし、ほんとうの理解からははなれているのである。かつて左翼の人たちが晦渋《かいじゅう》な文章を書いた時代がある。文章がわかりにくい上に伏字《ふせじ》がたくさんあったのだからそれを読者に読ませるのがどうかしていた。これは筆者が検閲の目をのがれるための用意にあったともいわれているが、それだけの理由ではなかったらしい。やはり文章を書く人の思考力と表現力との問題であった。借りものの概念で考えるという習慣は急速に西洋文明を移入した明治以後だんだんはなはだしくなってきた。事実そのままをまず伝えるというよりも、考える型が先にあってそれを通してものを見るのである。人間は既成概念から全く自由であることはできないが、使用する概念そのものへの省察が足りないでは、人を十分に納得させる表現は生れてこない。自然科学に関することなら、外国の学者が見いだした法則によってものを見ても、世界共通に適用されるかもしれないが、社会や文化に関することはそう一律にいかない。違った歴史をもつ社会や文化によって生み出され、規定された概念をそのままわれわれの上に押しつけるのは不当である。つまり一つの概念をつくるのに、日本の社会や文化の資料が少しもしんしゃくされていないからである。それらの概念をいちど検討して、修正なり改訂なりをほどこしてから使わねばならない。それでないと、表面はみごとに割り切ったような結論が出ても、ことの真相をあらわしていないことになる。

日本では昔から言霊《ことだま》のさきおう国というが、どういう意味でいいはじめたことかよくわからないが、少なくともことばに一種の呪力《じゆりよく》をみとめていたことと関連するところがあるであろう。言語が人を支配することは、信仰や恋愛などにおける言語の機能を考えてみればわかる。呪言の効能は古代人によって一般に承認され、その心意は今日にいたるまで伝承されている。しかし人がよく言霊というのは、その意義を正確につかんでいるのではなくて、ただ言霊ということばをもち出して自己満足しているのである。こういうことも言霊思想のあらわれかもしれないが、言霊の名の下に意義のわからないお題目によって国民が盲動するのは悲しむべきことである。ことに日本は昔から言挙《ことあ》げせぬ国ということばが悪用されて、いっさいの論議に批判を許さず、反対意見に耳をかす雅量をもたないような弊風は早く除去してしまわねばならない。

好奇心の強いことは日本人の特色としてあげられるかもしれない。新奇な表現を愛好する気持は強く、はやりことばにすぐにとびつく。明治以後のことを回顧しても、次から次へとずいぶん多くの流行語がはやってはまたすたれていった。はやりことばはどこの国にもあることであるが、ただ日本では一度はやり出すと、またたくまに全国に流行してしまうのが目だつ。新しいものが国のすみずみにまでまねられていく速さは、まことに枯れ野に火を放つようである。これがたあいのない流行語だけなら声を大きくして非難することもないが、時局を認識するとか、筋を通すとかいう名の下に、時の政治の力によって無批判に動かされることは恐ろしいことである。そうしたかけ声が事実何を意味するか、すこしも反省されることがないのである。これというのも日本では大衆に訴えることばがとくに発達せず、明白で、具体的であることを要求される大衆への呼びかけが一番空虚な表現でくりかえされるのを常としているのである。

このように表現の外形にのみとらわれる性向は、いろいろな点にあらわれている。実質よりも名称を気にすることである。日本一とか東洋一とかいう最上級の表現に興味をいだくことになる。現在のように新制大学がたくさんできるようになる前に、大学の昇格運動がさかんな時期があった。大学という名前、博士とか学士とかいう肩書きを過度に尊重するふうはいずれも名前を重しとするもので、これは一面、名称に人を左右する力を信ずる前代人の心理が背景になっているかもしれない。姓名判断がすこしもおとろえず、改名ということが知識人のあいだにもまじめに考えられている現状からしてもこのことは推測できる。

ことばによる思想伝達と理解の難易については、日本語の音律とそれに対する日本人の好みを考えなければならない。国語のリズムにはどんな特色が見られるであろうか。日本人は母音で終ることの多い国語の性質に基いているためか、七五調を愛好するといわれている。外形上五七調に書いたものも読むと七五調になる場合がある。日本人には七五調式に読む癖があり、またそう読めるものが快適にひびき頭に入りやすいようである。七五調についてはいままでに多くの人々の論考がある。

湯山清氏の『国語リズムの研究』には七五調について細かく論じてある。それによると、七五調は五七調に比べて安定度が強く、別に苦心しなくても、七の句が重く、五の句が軽いのが普通であるから、たいていの場合は流暢《りゅうちょう》な七五調になる。五の句が離れて浮くことはまれである。安定な七五調も七を急リズム、五を緩リズムにすると不安定となり五七調に変ずる。湯山氏によれば、万葉調の標準リズムは五七調であり、古今調のそれは七五調だという。このことは万葉集の「春過ぎて夏来るらし、白妙《しろたえ》の衣ほしたり天の香具山」と、古今集の「春過ぎて夏来にけらし白妙の衣ほすてふ天の香具山」とを比較してみればわかるという。前者は上句、下句ともに五七調となり、後者は七五調になっている。

日本語のリズムについて颯田《さつた》琴次《ことじ》博士が有益な研究「音響感覚的にみた日本の言葉」を発表しておられる。日本のことばはだいたい二拍子からできている。「南無阿弥陀仏」のように三拍子もないことはないが、二拍子ですべて片づける風習が強い。二拍子の特徴は一・二、一・二と強さの関係が強弱、強弱となる。二拍子のことばは語頭が強くなる。七五調、五七調のように日本人に愛好される調子はたいてい二拍子に分析される。もっともこの拍子は東京語を主としていったもので、関西弁では東京語の二拍子が三拍子となることがある。颯田博士によると、日本人が会話の語尾にネエというようなことばをつける習慣も結局二拍子でものをいうためらしく、敬語の「お」の字を乱用するのも「お」の字をつけて二拍子にするほうがいいやすいためと思われる場合が少なくない。

日本語の表現は外国語に比して主観的であり、感情表現にまさっているといわれている。したがってどうしても論理的でなく意味があいまいとなり、幾様にも解釈される。主語と述語との関係が明らかでない。日本語は母音で終るものが多いので、明確な力強い表現には不向きである。漢語が用いられるのはこれを補足するためであり、語尾に感情的なことばの「ね」とか「わ」とか添えるのも同様な意図に出ている。文章にしても話にしても、日本人はその中に感じられた思想をくみとらないで、ただ文字や音声にのみ気をとられる傾向が強い。つまり感情に訴えて表現し、読み聞くほうも同じ態度で受取るのである。

土居光知博士は『日本語の姿』の中に、国語の表現に見られるいろいろな特色をあげておられる。博士によると、日本人のものの感じ方は論理的ではなく連想的に展開する。日本人の散文や談話に注意しても、そこに緊密な論理的構成はなく、気分的に、連想的に、あるいは事実の順序によって、展開するのが常であって、思想的な文章においては、いくつかに句切った思想的資料を与え、読者自身の個性的な方法によって、それを総合せしめることにしている。それゆえに読者の受取った思想は、筆者の思想と同一の論理的過程を経たものか否かは確かめることが困難である。日本人の思想伝達はこの意味においてやはり詩的であり、直観的であると論じておられる。

この筆者と読者との思想伝達ということははなはだ重要なことである。最近前田多門氏もこのことに触れられて、日本語は主要な西洋語に比べると精確度が劣っているのではないかといわれた。つまり考えていることと、話すこととのあいだにピッタリしないものがある。会話の途中に「いわゆる」とか「なんといいますか」というようなことばを絶えずさしはさむ。したがって文字だけでは精密に思想を表現できない場合がある。政治家などの演説なども習慣的に一定の成語を並べているだけで実感が伴っていない。これは日本語そのものの欠点というよりも、現代日本人の思想と表現力の貧困を語るものであり、現代国語の衰退をしめしているものであると思う。

八　日本人の権威感

権威の性格の変遷

かつて昭和の初めごろ、平泉澄《ひらいずみきよし》博士が、日本の歴史を新しい立場で時代区分するについて、それぞれの時代に何が権威であったかという観点をとって、当時としては、はなはだ斬新な見解を提唱されたことがある。たとえば、奈良時代や平安時代である上代は、美というものが、あらゆるものに対して優越する権威であった時代である。あるいは、鎌倉、室町時代である中世は、聖という価値が最高の権威であった。さらに、江戸時代である近世は、善がそれに相当する権威であった。明治以来の、当時のことばをもってする現代は、それらに対して真が最高の権威とされつつあるというのであった。こうした観念的な時代区分は、今日ほとんど通用しなくなっているが、そのころ新しく興りつつあった精神史ないし文化史の、新しい認識の立て方を提唱した点において、きわめて卓抜な創意に満ちた見方であるとされたものである。

日本人の権威に対する感覚を問題とするとき、それが時代によっていろいろにかわってきたであろうことは、当然予想されうることである。とすれば、平泉説のような見方も、ごく大ざっぱに、しかも時代の指導者の理念だけに限って見るならば、ある程度首肯される見方のように思える。しかし、われわれは、日本人の、むしろ大衆一般の権威感を問題にしたい。

普通の人々にとっては、抽象的な価値規範それ自体を権威と見るよりは、現に見聞する具体的な人間の存在や活動の仕方について、あるいは権威を覚え、あるいはそうでもないという心のもち方をするのである。俗に庶民がいう「エライ人」というものがまずあって、ひいては、その「エライ人」にまつわるいっさいのものが、権威をもってながめられる関係なのである。そんな意味では、こうした人々の家に伝えられてきて、その持ち主が没落するにいたって、一般の手に渡されるようになった書画、骨董《こっとう》など伝世の道具類、そうした品物自体に権威を感じる傾向を庶民はもっている。

たとえば、江戸時代の中ごろ以来、都市の大商人は、経済上の実力を大いに高めたけれども、当時の社会機構の中では、獲得した利潤を経済的再生産に振り向けることが困難であった関係から、貴種権門の名家に伝来した骨董的な品物を高金であがなうことがあった。いわゆる士農工商と秩序づけられていた社会にあって、しょせん商人は身分的には権威者たり得ないものであったから、そのような最高の身分に属する品物を獲得することによって、みずからに権威づけを試みようとしたのである。

こうした傾きが、都市のみならず、地方のちょっとした豪農や商人のあいだにも見られるようになって、骨董行商を大いに繁盛させることになったし、にせ物をあちこちにばらまくようにさえなってしまった。つまり、人々の趣味生活の中で、美術品の美的価値そのものをすなおに享受する態度はいっこうに洗練されないで、その落款や極書《きわめがき》の類が、よりいっそう問題となり、その伝来の高貴であることを誇るゆがんだものになってしまった。これらのことは、抽象的価値や物品よりも、つまりは人間のほうに対して権威の有無を判断する態度が強かったことを意味する。

そう見ると、平泉説のような見方を人間に移してみて、上代には美しいものを発揮する、あるいはもっている人間が、中世は僧侶《そうりょ》のたぐいが、近世には儒学者が、現代には科学者が、それぞれもっとも権威をもって見られたと、はたしていえるものかどうか、たとい社会のごく頂点にある上層の人々の中での権威のありどころとしてみても、大いに疑わしいものがある。上流人、庶民を通じて、上代には血族的な一門とか世襲とか、そういった観念で高く評価されそうな人間が権威をもっていたし、中世には同じ土地関係をもつもの、たとえば現地に支配権をもっている領主とか、部落仲間とか、そういったものが権威をもってひとりひとりを締めつけたといえるし、近世から近代にかけては、貨幣、またそれに準ずる資本をもつものが権威をもっているというようなことが、むしろいいうるのではなかろうか。となると、客観的に、どの時代にはだれ某が権威をもっていたということは、なかなかいえないことになる。

族的関係において、甲と乙とが全然離れているものである場合、甲は自分の族的関係において、だれかをもっとも権威あるものと見るだろうし、乙も自身の関係から、別のだれかをそれと見るであろう。それは一致しないことが多いのである。要するに、権威と見る人の側の境遇や条件によって、それぞれが違ってくるのである。中世の場合でもそれは同様で、奥州の人にとっての権威者と、九州の人にとっての権威者とは違ってくるのである。

社会の進みによって、相離れた人間の見る権威者が、だんだんに一致する傾向になっていくわけであるが、日本人には、まだまだ久しいあいだの惰性として、割合に身近な範囲に大きな権威を見いだす傾向がある。客観的に見るならば、ほとんど優劣をつけがたい、また優劣をつけられるような性質のものでないふたりの学者を並べた場合、結局は自分との接触率の度合いいかんによって、そのあいだに安易に権威の差をつけてしまうのもその一例である。学者のような場合には、それほどひどい弊害は起らないかもしれないが、これが政治家を選び出す場合などには、かなりの悪弊をもたらし、公明な議員の選挙をむずかしくさせているのである。

こんなことをいうと、日本人にはなお別にたとえば皇室に対する非常な権威感のように、必ずしも身近でない、すこぶる全体的なものの中に、よりいっそう強い権威を認める傾向が流れてきたではないかといわれよう。あるいは、皇室と限らず、とにかく部分的な社会を越える広い視野の中に、そうした権威を仰ごうとする態度があったではないかといわれよう。そのような、いわば全体的存在を、国民のいわゆる下々までが、どの程度に深く認識していたか、それを感受していたか、はなはだおぼつかないところもあるが、しかし、一般庶民が間接にある媒介を通じて、その存在をいやおうなしに受取らされてきたことは、まったく事実である。そういう意味では、日本人の権威感を問題とするとき、社会の全体の秩序の中に認められてきた権威の性格の変遷や、それらに通じているものを顧みる必要がある。

われわれの判断では、そのほうの感覚も、身近な部分的な社会の中での権威感と、本質的に違いのあるものではなくて、一脈通じ合うものが、そのあいだに流れているのだといいうる。たとえば、皇室に対する尊崇も、いろいろの要素があるかもしれないが、もっとも基本的には、それが血族的純粋さを長い年月一貫して伝えてきているところから保持されているのであって、上代に支配的であった一般の血族に対する権威感と通い合うものなのである。中世以来の将軍に対する態度にしても、程度の差こそあれ、それに似たものがある。近代の官僚、政治家の品定めにしても、いわゆる毛並みと称して、血筋や閨閥関係をたどって、とやかくいう傾きが残っている。

ということは、古い時代に支配的であった権威感のある基準が、後代になって必ずしも消えることなく、新しい基準をつけ加えたけれども、なお一つの核のようなものとして、ひそみ伝えられてきたことを意味する。今日に近づけば近づくほど、たとえば皇室には膨大な御料地ができたということなども一つの観点になったように、新しい基準が累積して、その核は一見あらわではなくなっているが、決して無意味なものとなってしまったわけではない。つまり、かつて通用していた権威判断の基準が、いわば重畳的に今日の日本人のそれとなっているわけである。ことに日本の社会史を貫通している族制的性格は、いろいろの場における権威感を左右してきているといえる。

久しいあいだの封建的な身分秩序から解放された明治以来の国民が、それぞれの力量において、新しい意味での権威者たりうるという自信を強めたことは、立身出世主義の風潮を濃くさせた。しかし、人々はその中にあっても、単なる立身出世の夢には限界があることを知らされることが多かった。その抵抗として感じられた一つには、族制的な人間関係に入り込まねばだめなんだという感じがあった。そして、既成の秩序の中での権威者と血族的なつながりを求めることが、立身出世主義に並行した目標にもなってしまった。それらに全然関係なく、ひとかどの地位を占めた者に対してこそ、「エライ人」という評価を下すようになった半面には、そのような事情がある。

幕末以来、一代にして産をなす者が顕著になり、明治以降は、地方の村々にも、そうした新興の家が一つ二つは必ず数えられるようになった。こうした人々に対して、一般の民衆は、あまり好感をもって見なかった。それは単なる嫉妬心《しっとしん》ではなく、真に敬服するにたる要素としての伝統性を欠いていたからである。成り上がりとか、デキブゲン（分限）と評して、これを軽蔑《けいべつ》してきた。つまり、個人の力量はほとんど問題でなく、その程度、その立場での家の連続が、権威を判断する上で重要な観点であったからである。そのように見る民衆が、実をいえば、心のうちにはいつの日にか、自分たちもそのような飛躍的な境遇に恵まれるようにと願ってはいたのである。

昔話に、はなはだ数多くの例があることだけれども、長者、物持の娘と素寒貧《すかんぴん》のむすこがそのあふれる才気によって結ばれ、ついにそのあたりでの大きな権威となったという話は、そうした庶民の痛切な念願の成就を表白した点で、魅力的に語り継がれてきた。それらの話は、既成の秩序の中での長者、権門に、自分が飛びつくことであって、自分の元来の立場を、そのままの地盤で増大強化した話ではない。そうした点で、社会の変革を通じての自分たちの向上ということを考えていなかったことがわかる。ありきたりの社会生活の形をそのままにして、非常な神秘や運命のはからいによって、最高の理想の境地に拾い上げられることを願っていたのである。だから、長者の娘との縁組みを求められる可能性を、むしろしばしば夢の目標にしている。ここらにも、従来の伝統的あり方を肯定するとともに、族制的なつながりを仲介として、みずからの権威化を求めた近代の立身出世主義者の気分と通ずるものがあるようである。

中央貴種への傾倒

人間にとって、もっとも理想的な権威感は、結局人それ自身のうちに権威を感ずるという行き方である。つまり内在的な見方であるが、そこまでいたらねば、デモクラシーの社会も実現しないであろう。今日までの日本人にはその態度がはなはだ貧弱で、とかく外在的なところにこれを認めようとする傾向があった。

最も古くは、人間の社会を越えた神秘的な世界、神仏にその究極の権威を求めたものである。したがって、その神仏を操作しうる宗教家が、庶民にとっての最高権威とされてきている。古代のいわゆる祭政一致の社会は、そのあらわれにほかならない。村の生活にとってみるならば、これは必ずしも古代だけのことではなく、かなり後代までつづいてきた観点であって、巫女《みこ》や法印（山伏）、行者、神主、僧侶《そうりよ》等の指導的な力は、一にそうした素朴な権威感にささえられて近世まで重きをなしてきた。

この要素と前に述べた血族的伝統性とがかけ合わされると、いっそう強い権威たり得たのである。実をいえば、皇室のもつ大きな権威の裏には、そうした権威感の複合があったのである。もちろん、後代になるに従って、この両方のファクターのうち、信仰上の関係のほうは希薄になっているけれども、決して払拭《ふっしょく》されてしまっているわけではない。いなかの村人の感覚のうちにはこの神秘的権威感がいっそうおそくまで残存し、山伏、巫女《みこ》の類の俗的な指導力は、並ならぬものであったことが近ごろまで伝えられてきている。

山伏の火渡り

このような、いわば宗教人は、村の一般民衆から見て、明らかに異質の人間たちである。自分たちの仲間と同質のものよりも、異質のものに対して権威を認める傾向も、日本人には、あらゆる場において顕著なものがある。客観的な経済的境遇などからすれば、とうてい権威者たり得ないようなものでも、村の民衆にはかなりの威厳があり、大きな圧迫となってきている。同質同輩のいわゆる仲間内からの成り上がりに対しては嫌悪《けんお》するけれども、力を強めてきた異質のものに対しては、必要以上に傾倒してしまう。

この異質性というものの中には、多くは職業や系譜の次元を異にするという要素があるけれども、封建制度の社会で、職業の差が身分の差ともなっていた関係から、逆に身分的に開きのあるものに対しても、そうした異質感をもって接してきた。「士農工商」たがいのあいだにもそのような感覚があったが、その場合には、別の法制的な制限があって、特に「士」と「農工商」とのあいだには、執拗《しつよう》な階層差別がつけられていたから、単に異質のものに権威をおくという見方だけでは権威感が表現されなかった。

この時代は、地域的な割拠の傾向が強められていたから、ある村落が他村の者に対して、あるいは他国の者に対して異質感をもって接したこともある。そういう点で外来者に対しては、客観的には不相応なほどに格別敬意を表する傾向もあった。ことに、外来の宗教人に対してはそうであったが、それにはむしろ畏怖に近い感覚があった。放浪の芸能人、ホギビト（ホイト）のような人々に対する一般人の態度も、当時の為政者から見れば、おかしなほどにへり下ったところをもっていた。逆にホギビト自身も一種のほこりをいだいたりした。それが僧侶、毛坊主《げぼうず》であれば、なおさらであった。

弘法《こうぼう》清水の伝説が全国的に語り継がれていたのも、そうした旅の坊さんに対する接し方の教訓としての意味をもっていたからである。そして、そのような異質のマレビトが村に訪れてきたという話をもつことによって、高い権威に触れた村であることをいおうとする、誇らかな気持を伝えてきている。日本の村々には、むやみやたらに、高僧や貴種権門がそこに訪れてきたことがあるという話を伝えているところがある。その多くは、もとより史実でもなんでもなく、ごく悠遠《ゆうえん》の昔に、ある尊いミコ神が幸いをもたらすべく訪れてくると信じていた、その信仰を核心にして成長した話であり、弘法大師と固有名詞化したその字のもとは、大いなるミコとしての「大子」信仰にのっとったものである。

しかし、そのような信仰が村人のあいだに希薄になるにつれて、高い異質の世界からの来訪を伝えることによって、みずからの社会が、決して封鎖的な平凡なところでないことを説明する手段としてきたのである。東国に顕著な日本武尊、坂上田村麻呂《さかのうえのたむらまろ》の遊幸伝説、あるいは北条時頼の回国伝説など、いずれもそうしたモティーフによって成立した話である。

異質の高い次元のものに、なんらかの点でのつながりを求めようとする傾向は、ひとかどの家となると、その系図をつくりたて、家の淵源《えんげん》を高貴なものに求めようとした態度にもあらわれている。江戸幕府の治下において、為政者はしきりと武士やおも立った庶民の系譜をせんさくし、徳川氏との譜代的な関係などについて、しばしば吟味した。この時代の歴史《れきし》編纂《へんさん》のうちには、家史の編纂を集成するという傾向のものがあったのもそれである。一応の社会秩序の安定が確信されるようになると、とかくそうした系譜のせんぎに努めたのである。

そのような雰囲気《ふんいき》が、それぞれの町や村での実力をもった家々の中にも影響し、系図をつくってやることを業とするものまで立ち歩くようになった。今日われわれが、各地の旧家においてありがたく見せつけられる系図の中には、さような時代にでっち上げられたに せ系図が多くある。それらに共通のことは、必ず皇室ないしは源平藤橘《げんぺいとうきつ》といった類の貴種に、その源を由来させている書き方である。あるいは、さらに一段さかのぼるならば、源平藤橘にたどりつくであろうと思われる有力な豪族に由来をおいていることであろう。近世の後期には、いやそれ以後でも、村の中ではそのような系図をもつことが、他のいろいろの観点からする権威感をいっそう強化することになっていたのである。ここにもまた、血族的高貴さが、権威感に欠くべからざるファクターとなっていたことを示している。

借金証文くらいを除いて、重要な文書史料を隠滅させてしまった旧家でも、このにせ系図だけは後生大事に守り続けてきている。明治の時代に、東京大学が史料編纂係を設けて、各地の史料を探訪した際に、このような系図を一応提出させて、それを取調べたという印の書きものをつけて返したことがあるが、この一枚の紙きれがやはり大事に保存されていて、これによってその系図の信憑性《しんぴょうせい》が保証せられたもののように誇っているものがあることは、こっけいというよりもむしろ哀れである。

同様のことは、やはり同じころから、村の氏神を、古典にあらわれてくるいわゆる名だたる神にすりかえたり、それとあわせ祭るかのように主張するようになってきたことにもあらわれている。元来、村人にとって、その氏神は要するに氏神であり、神様であり、明神であるだけのものであって、それがいかなる固有の名前をもつかということは、問題になるはずのものではなかった。しいていうならば、自分たちの共同の祖先ないしはその共同の祖先が特別に大事にしてきた神であるだけでよかったのである。

しかし、国学者の古典研究が進み、その人々の神職化が進むにつれて、氏神をそのような形で放置しておくことをがえんじないようになった。そこでなんらかの個性的な名を、その氏神の多少の歴史的事情や因縁によってつけようとし、古典に照し合わせて、その名を引出したのである。ことに明治政府が、各府県を通じて、管下の神社の明細を書き上げさせた際に、必ず神名を登録させたために、今まで考えてもみなかった固有の神名をあえてつくり出さねばならなくなったこともある。そのようにいったん成立してしまうと、その古典にあらわれる神の性格や、歴史的文献に出てくるその神の働きが、あたかもそれぞれの氏神の性質や働きそのものであるかのように錯覚し、あるいはこれを外部に向かって顕彰宣伝するようにさえなってしまった。そうして、その神が、広く書物の中で知られているものであればあるほど、そのような氏神のもとにいる村人の権威も高いものであるかのように思い込んだのである。

もっとも祭神ではなくて、社の名としての、たとえば八幡、春日、天神、稲荷などの類は、全国的にすこぶるありふれたものである。それらのすべてが、右のような事情から普遍化したわけではない。たとえば興福寺の所領には、その鎮守神として春日神社を祭るということも行われた。そういう実際上の土地関係における本末関係が具体的にあって成り立ったものもある。けれども、その中にもまた祭神をつくり上げて後に社名も中央並みにしたという類がないわけではない。ことに春日神社を祭っている村では、藤原氏との関係が古くからあったと称するような伝説をつくったり、八幡神社を祭るところでは、源氏とのゆかりを故意に語ろうとする向きがあった。

これらは一言にしていえば、貴種権門の中心である中央に対する傾倒であるが、そのような中央偏重感は、いろいろの場合にあらわれているのである。近代の政治や教育が、東京その他の大都市中心に構想され、国をまとめて治めるということは、地方のすみずみまでも中央化し、都会化することだという考え方をもつようになってきている。それだけに、一般人の実生活に根をおろしにくいような政策や教育がたびたび行われてきた。ことばの問題にしても、ざっぱくな要素から成っている東京ことばを、権威あることばとして教え込むのに躍起となって、これを標準語などと僭称《せんしょう》してきた。このような政策や教育を肯定するような土壌が各地方にあったということが問題なのであって、いたずらな中央貴種に対するあこがれや尊敬が、それにあずかっているのである。同様の態度は、文字で表現されたものに対する不当な信頼感にもあらわれている。一般の地方庶民がなかなか文字をわがものとし得なかった歴史の事情から、それを操るもの、あるいはそれで表わしたものにことさら権威を感じたのであった。土地や家の昔について尋ねると、書いた記録が何もないからと卑下したり、つまらぬ一本の巻物をたいせつにしたものだけを示して、見てくれといったりする。何がほんとうの価値であるかを知らないのである。

会合の座順

日本の社会史を顧みると、個人個人が帰属するミウチ関係によって、つまり血族的な関係から、もっとも強く拘束されていた古代、その住んでいる、あるいは所有している土地関係で、もっとも強く拘束されていた封建時代、さらにその人の職業や職場関係、要するに仕事によって、もっとも強く拘束されるようになった近代と発展してきている。

このことは、またどんな性質の仲間をとりわけ権威ある仲間として受け取ったかの変化と対応している。つまり、ごく古い人々は、土地をともにする仲間よりも、血族的なつながりの濃いもの同士の仲間から一種の圧迫を受けた。中ごろには、それよりもむしろ一つの集落を構成する者同士、共同の用水や山野を利用する者同士がもっとも力強く感じられた。近代には、まだ十分徹底していない向きもあるが、方向としては、職場のもつ、仕事のもつ権威というものが、集団的な圧力の形で、個人に押しかぶさっていくようになっている。

これは、いわば群の権威の推移であって、ひとりひとりの力を権威と感ずるか感じないかの点は、初めにもいったように、古くは族制的な関係がどれだけ濃密であり、どれだけ伝統的であり、どれだけ高い地位の族制につながりをもつかによって判別され、中ごろには、どれだけ土地をもつか、あるいはどれだけ土地に対する支配力を内蔵しているかによって判別され、さらには貨幣をもつ度合いいかんによって判断され、なお進んでは、その人の才幹を基準とする方向にきているといえよう。

しかし、これらの変化の中にあって、いつの時代でも、かなり重んじられてきた観点として、その人のふんできた「経験量」とでもいうべきものが、取り上げられていることが多い。いいかえれば、それは年配や﨟次《ろうじ》を尊重する見方で、それの高度なものに対する権威感をもってきたということである。

こうして、ある程度身近な連中の集まりの中で、特にどんな個人に対して権威を感ずるかの問題を吟味する場合に、会合の座席順の立て方というものが一つの参考になるであろう。一つの部屋《へや》に幾人かの人々が相会するとき、だれがどの席を占めるか、あるいはどこにすわらせるようにしたらよいかというようなことに、格別の気づかいをするのは、あるいは日本人ばかりのことではないかもしれない。しかし、今日でもなお日本人が、この点について妙に神経質であることは認めざるを得ないであろう。自分の占めるべき座であると考えてきたところを、だれか先にきた者が占領しているのを見て、おこって帰ってしまったというような実例を聞くこともある。

このように座順に対して敏感であるのは、一面からいえば、一つの部屋《へや》にどこが上《かみ》であり、どこが下《しも》であるという、その部屋に固有の尊卑上下の位置がきまっていることを示すものであり、部屋がそのようになっているから、おのずから座順が問題になるのだといえるかもしれない。ことに日本には、元来神聖なる祭壇から発達した床の間をもつ座敷があるために、その中での上下の位置が、かなり明確に常識化している。そうでない洋間や、なんら特別のものをおいていない四角な部屋であっても、あるいは入口に近いところが下《しも》であり、奥ほど上《かみ》であるという考えを多くの者がもちやすいところから、部屋の中に絶対に上下《かみしも》の差なしといいきることは、どの民族の場合にも、むりなことであるかもしれない。

そこで、おのずから備わっている部屋の中での上下の座を、実際集まった人々が、どんなふうに選びとって行くかを見ると、平素一般的に考えられているそれぞれの人々の権威の度合いの差、いわゆる尊卑観念がそこに投影しやすいのである。ごく日常無意識にそれぞれの社会で、この集まりにはこういう座順でという一つの判断が下されているだけに、潜在観念としての人間関係の中での権威感が、きわめて自然にとらえられるわけである。たとえば、ここに民主的なまた進歩的なと称する人々の集まりがあるとする。それは、これからの世の中の社会関係をどうしたらよいかというようなことを話し合う性質の会だとする。ところが、そのすわり方のおのずからきまってしまった順序を顧みると、そこには、そのようなことを論じ合うにはふさわしくないような、既成の権威感による座順の見られることが多い。つまり、古いタイプの社会に相応した座順をもって並んでいることがあったりする。それほどに、思想としては新しくても、意識としての権威感は、なかなか新しいものには切りかえられていないのである。

われわれが知っているいろいろの会合の座順には、次のようなものがある。

第一には、信仰上の役割を重くになっているものが、最高の座を占める型である。これがお宮や寺での行事の場合であるならば当然のことであろうが、一般の村落の常会ふうな会合においても、そのとおりになることが往々にしてある。それも専門家としての神職、僧侶を常に立てるばかりではなくて、たとえば、その年々の氏子一般の中での最高権威とされている一年神主が、神事以外の場にいおいて最上座を占めるという型である。これなどはすこぶる古代的な権威感を表徴しているものといえよう。したがって、現代においてはだいぶ希薄になってしまった観念であるが、古い時代には、もっとも合理的とされていた座順であったろう。

第二の型は、役つきの順ともいうべきものである。これも政治性をもった会合ならば、命令者になったり、議長格になったりする人物が、いわゆる上座を占めることは、自然にありがちなことで、名主や庄屋、組頭に当る村長、区長が、その位置を占めることのきわめて多いのは、別にあやしむに足るまい。問題は、そのあとに続くものの座順である。これもこのごろではきびしくいわないで、先着順にするというところも多くなっているが、しかし、いろいろの名目の役柄を考えて、それを忠実に序列づけて座順としているところもなお多く残っている。それが、村の祭や寺の行事などの場合にさえ響いて、信仰とは本質的に関係のないものでありながら、やはり上座にすえられることがある。現在の役柄によって度合いをつけるといっても、それは個人個人についている役柄を問題にするものばかりではない。いなかには、旧幕以来村の役つきとしては、だいたいどんな家のものがなるかということがきまっている場合が往々にしてあり、家についた役というものが、結局尊重されているのだというように見える。したがって、今日村会議員になっているけれども、家としてはそのような伝統を背負っていない場合には、やや見下げられた扱いを受けるのである。それに対して、今日そのような役とは無関係であるけれども、封建時代に長いこと名主、庄屋、あるいは組頭といった職を勤めていた家の子孫が、今でもあがめられて上座につけられたりする。これと関係して、前の職員といったような人も相当に重んじられる。中には現任の役員よりも、そのほうが顧問的に扱われて厚遇、尊重されることがある。これらは、いわば前歴を重んずる態度であって、俗にいうならば、家柄というものも、実は家の前歴をとやかくいうことにほかならなかった。この気持が、国家についてあらわれては、国柄とか国体とかいうことばをもって、しきりにその歴史の中での、いわゆる優秀面を強調する態度となっていたのである。

家柄という概念には、その家がかつて占めていた社会的地位がこめられている。その地位が、さきに述べたような中央社会の貴種権門との系譜的なつながりのぐあいとか、あるいはしばらく続けた政治関係上の役柄とか、あるいは資産の伝存状態とかによって、きめられているのである。今は貧乏していても、昔は資産家筋であったということを重んずることもある。しかし、だいたいをいうと、家柄を決する三種の前歴契機のうちで、日本人にとっては、かつての資産家ということよりも、かつての役つきのほうが、そして、かつての役つきよりも、もっとも長い持続性を保証するような名門につながるということのほうが、最大の感銘を与えるものとなっている。歴史の傾向としては、次第に家柄の中のかつての資産家という条件を重んずるようになっているけれども、ある家柄のオダイジンとたまたま同姓であることによって、破格に上座《かみざ》を占めさせられることも、まだないわけではない。

地方では、なんとはなしに、その家の資産の程度に応じて尊卑の観念をつけ、それが座順にも影を投ずるということが、今でも非常にありふれたことになっている。これが座順の第三のタイプである。そうして、このことは村の仲間同士の呼び方とも多く対応してきている。たとえば、特別の資産家を「ダンナサマ」とか「親方衆」とかいい、それに準ずるものは、名前に「サマ」をつけて呼び、その下のものは「ドン」とか「サア」とかつけて呼ぶ。さらに下の末輩《まつぱい》を呼び捨てにするというように、人の呼び方におのずからのクラスがつけられているが、これらはおおむねそれぞれの家の資産の度合いによっているようである。しかも、現実の資産よりも、伝統的な家としてのだいたいの資産程度によっているから、封建時代の「高持百姓《たかもちひやくしよう》」「水呑百姓《みずのみひやくしよう》」の相互関係が、いまだに尾を引いている場合が多い。新しいいわゆる成り上がりの資産家は、よほどの手段を講じないと、最上の旧来の資産家クラスに並ぶことができない。たとえば、親方衆に大酒をふるまうことが、その手段とされているところもある。

座順についての第四のタイプは、年の順序である。年といっても、個人の自然年齢によるもののほかに、さきにもふれた﨟次《ろうじ》を基準としているところがある。つまりなんらかの仕事に久しいあいだの経験をもってきているというその経験の度合いを、かりに年によってとらえたという場合である。こうした﨟次を重んずる傾向は年々ほぼくりかえしの農耕過程に主要生産が依存してきた東洋的社会にあっては、過去の経験にかんがみたいという気持が強くなるのが自然であるから、古くから比較的に濃厚な態度であったろう。ただそれが以前には一応家柄や資産などによる基準をもって限定せられた末に考えられていたらしいのが、次第に表だった基準になってきたということである。すなわち人を個人として把握《はあく》することが容易に行われないで、家のものという観念で長いこと見てきたからである。

僧団でない一般の集団の中で、個人の固有の経験量を問題にするのは新しい傾向であって、さらにそれが新しくなると、単なる経験量よりも素質的な才幹を重視するようになるわけである。こうして、漸次権威の見どころを個々人の内在的なものにおくようになる。それとともに、自分みずからのうちに権威を確信するようになるわけであって、そこまでいたるには、まだ日本の社会には、さまざまの抵抗があるように思われるのである。

他力依存と立身出世

個人が、みずからのうちにその個性に即した権威を確信するにいたることがない限り、自立自存の自信がもてないわけであるから、他力依存がどうしても通性になりがちである。この他力依存のもっとも顕著なあらわれが、よくいわれる日本社会の親分、子分的な組成である。実の生みの親以外の親を日本人がたくさんもってきたことは、すでによく指摘されてきたことである。つまりは、単なる生みの親だけをもってしては、その社会的生存をまっとうし得ないという感覚があったのである。それは、経済生活の単位が、単純な親子、夫婦の世帯だけの小家族をもってしては、成り立たなかった事情による。それを越えた大きな生産組織の中にはいって働くことが大事であったから、いまだに遺制として、人が成年に達するころ村の有力な経営者をたよって親分とし、その生産組織のもとに包括されて働くことを誓う儀礼を伝えてきている。また同じ親方をとった子方同士で、兄弟分の杯をかわして、その協力を誓い合う儀礼も残っている。

ある家の主人が親方としてある場合、これの子方となるものも、ほぼ家としてきまっているというのが古風であった。代々自分の家はどこの家の主人を親方として頼むと定まっているし、長男がとった親方を、弟たちもとらねばならないと考えられてもいた。しかし後には、家の相続人となるものだけが、オヤカタドリをするとか、兄弟それぞれ違った親方をとることも見られてきた。そういう変化はあるが、ひとしくある親方の率いる作業体にはいらねば、社会生活が不安であるという気持は依然として濃いのである。その関係は、近代的な契約性の強い作業組織をなすものではなくて、恩顧被護を不定量に期待するかわりに、また忠実な奉仕を無制限に尽すべきものであるという関係になっていた。

大都会の職場においても、また近代的な経済機構がもたらした新しい生産の場においてすら、無意識的な親分、子分関係は、なかなかぬぐいがたいものになって残っている。職員が職場の長に対して、あるいは経営者に対して、単純な事務組織や労働契約組織の一員として、おたがいを見ることが徹底しないで、親分的な態度で自分を被護し引き立てるもの、契約関係以上の情誼を通わせ合っていけるものであることを特に期待する向きがある。たとえば仕事上のあやまちを、その長なる人が表ざたにしないでかばってくれる、一身の責任として引受けてしまってくれる、そういうような風格のものを尊敬すべき権威ある職長としてたたえる。これには子分が親分に対する期待と同じものがあるといえる。

実の親ならぬ親をもつ慣習は右に述べた成年期にとる親方、子方関係のほかに、幼年の際に、主として身体的成長の不安を免れるために、カリオヤをとる慣行にもいちじるしいものがある。ヤシネオヤとかトリオヤとか拾い親とかいわれる類のものである。これには、特殊な職業のものを頼むとか、神職や僧侶のような、信仰上の権威にたよるとか、神仏そのものに対して頼むとかいうこともあり、たぶんに呪術的な意図によって結ばれたものが多い。またミウチがだんだん希薄になって、たよるべき一門が減少すると、縁の薄れかかった親類を頼んで、仮親子関係をとり、それによって一門の強化をはかろうとする態度もあった。

いずれにしても、個々人の生存に対する不安が、こうした関係を促し、またささえてきたのである。意識的、無意識的に、人々はさまざまの性質の親分をもってきた。古い時代には、いろいろの親が一元化して、特定の人物に多くの機能をもたせ、あらゆる面でその人の援護をこうむろうとしたであろうが、社会の進みはそれを分化さしてきたと見られる。そういう意味においては、一元的な権威が分散してきたといえるのであるが、世の中の全体から見ると、なんらかの点で権威者と見られるものが、ほかの機能についても重い役割をもたせられ、その人間に重味が累加していくという傾向もある。その携わるべき仕事と、その個人との関係について十分な反省、判断がなされないで、たまたま一つの面において権威であることによって、他の面の権威者たりうるという前提をおいてしまう傾向は、今でもなかなか強い。そこで名刺に肩書がいくつも並ぶということになるわけである。

デモクラチックな社会というのは、そうしたひとりに対する権威の集中性を、できるだけ個々ばらばらに分散させる社会でなければならない。それがまだ日本では十分になり得ないのである。個々人に対する固有の力量が、十分に評価されることがないと、このように特定な人間にのみ権威が集中するわけであるが、もう一つの側面としては、多数の広い世間一般それ自体に権威をおくということのないことが、この傾向を促すのである。もちろん群れの権威というものは、あるいは血族集団であったり、あるいは地域集団であったり、あるいは職場であったりして、それぞれの人間のまわりに押しかぶさっていたけれども、もっともパブリックなもの、公共社会一般に、それをおくことがなかった。

村落がイコール世間とされた時代が日本には久しいのであって、他の地域は全然別世界としてあって、同質につらなるものではなかったのである。このように、公共社会一般に人々が開かれていなかったことが、権威の分散率を局限されたところに集中させやすかったのである。パブリックなもののもつ権威が感じられない限り、社会保障の制度をしいても、その実質的な効果は、容易に上がってこないであろうし、親分、子分のつながり合いが究極のよりどころという感を、依然として伝えていくものである。

横に並ぶ者同士の全体に権威を感じないで、むしろ縦のつながりに権威を求めていく傾向は、いろいろの意味での同胞愛を成長させにくくしてきた。パブリックなものへの責任感が弱いと、われひとり抜けがけて、高い次元に飛び込むのに夢中になったりする。立身出世主義の行き方には、そういう傾きがあった。

半面では、そうした抜けがけの功名を立てるものに対する反撥《はんぱつ》、非難もあったけれども、立場をかえてみれば、そうした非難をするもの自体も、実は同じような行き方をできればするものなのであった。一言にしていえば、権威を横に見ないで、縦に仰ぐ態度が、その最大の前提にあるのである。だから、人々が羨望し嫉視《しっし》していた上級の者に対して、条件が許せば、自分もそうなりたいと思っていたのであって、そのような乖離《かいり》した社会の層序を機構の問題として批判することはできなかったのである。狭い家の中での戸主権や主婦権をもつ者に対しても、いったんはその子弟や嫁が嫉視し、反感をもつことがあっても、いざ自分がその境地に立つならば、同じようなふるまいに出ることが、ありふれているのである。軍隊にあって、過酷な訓練にいためつけられた初年兵が、上等兵や下士官になった場合なども、そういう傾向をまぬかれなかった。

権力への批判的抵抗

そこで問題は、日本人が権威に対してどういう抵抗をもってきたかということであるが、政治権力の所有者に対して抵抗する行き方としては、懈怠《けたい》から一揆《いっき》にいたるまで、種々の型があったが、行動の上でそれをあらわさないで、諷刺《ふうし》をもって示すことが、往々行われてきた。古典に出てくる童謡のうちにも、政治権力に対する若干の批判的抵抗が見られるが、中世の落書《らくしょ》、落首《らくしゅ》、近世の狂歌、川柳など、一口にいって落首文芸といわれるものが、それをよく示している。これは、ことに社会の転変が、ひしひしと感じられそうな時期になるとあらわれている。その権力が古い秩序の中でとってきた生き方が、実際には通用しがたくなっているのを、特に誇大的に強調してやることによって、その転落を想念のうちに描いて、民衆が快感を味わっていたのである。

直接の行動的な表現が、政治的にはこばまれていることがすこぶる多かった日本の社会では、この面からの諷刺抵抗が勢い発達したのである。室町末期以来の狂言には、大名や僧侶などの既成秩序に乗った権威に対する軽蔑感《けいべつかん》がよく出ているし、それより前の建武中興期における京都二条河原の落首には、新しく起った武士たちが結局既成秩序の上級者になずんで、そのものまねをするいやしさを衝《つ》いたものがある。今日の新聞やラジオのうちにも、狭いながら相当の意味をもって取り上げられている川柳やカタエクボ、うそくらぶといった類のものの中にも、この落首文芸に通ずる抵抗があらわれている。

川柳を中心とする権威への諷刺、批判は、江戸後期にその花をもっともよく咲かせたのであるが、刑罰をおそれる限り、それよりほかに抵抗の示しようがなかった時代の条件のもとでの落首文芸が、今日の日本の庶民にとっても、また最後の手段になるのであっては、大きな問題である。

幾度もいうとおり、歴史の示すところによるならば、そうした諷刺抵抗を示したものは、結局新しい社会を夢に描くのではなくて、古いままの社会の中での地位や境遇の転倒を夢みていたにとどまる。このことは、とかく政治批判が特定の政治家個人に向けられて、その失態や矛盾をつく形で行われていることとあわせ考うべきことである。今日の落首文芸の中にも「吉田ワンマン」を初めとして、特定の個人個人にほこ先を向けたものがかなり多いところに、この形の批判なり抵抗の限界も感じられるように思う。

九　文化の受けとり方

明治の統制色

日本文化についての概括論が戦前あれほど流行したのに、いまはさっぱりふるわない。敗戦によって国民のあいだに覇気《はき》が失われたためもあろうが、かつての概括論がそれほど価値の大きなものではなかったことにもよるであろう。かつての日本文化論は表層文化にのみ心を奪われていて、基層文化にはいっこうに目を向けなかった。知識階級のあいだの約束だけで簡単に処理しきれるように思っていて、知識階級の生活の基礎が思いがけぬ方面におかれていることには思い及ばなかった。国民全体に大きな反省と自覚のないところに悲惨な敗戦の苦しみが訪れたのであり、知識人といえどもその欠陥は免れなかった。一般国民よりもあるいはかえって責任が大きいかもしれない。当時は日本文化の外国文化からの独立が強く求められたが、その際どこまでも西欧の文化との形式上の対決で考えられていた。当時歴史を教授する際に、日本文化の発展途上において、アジア大陸の文化や西欧文化を模倣したというのは禁句とされ、必ず「摂取」したといわねばならなかったが、それはかなり形式の問題であった。日本文化が実質的に外国文化をどれだけ模倣し得、また模倣し得ないものであるかについての判断は欠けていたのである。あたかも大戦争に際して国力の基礎についての判断を失わせていたように、文化の基礎についても国民をして判断を失わせるような方法をとっていたともいえる。

したがって今日でも依然として、日本文化が世界的に見てどれほど優秀なものであるか、またはどれほど幼稚なものであるかについてはかなりあいまいな態度が残っている。人によっては非常に優秀だと思い込んでおり、また一方には非常に低劣だと思い込む人がいるのである。この両極端は、外国文化に対する正当な判断の行われないしるしでもある。もちろん西欧の水準の上に立たねば西欧そのものの評価は不可能であり、そうしたことが今の日本人にできるとも思われない。しかしながら、日本でもし自己の文化の水準や個性についての反省や自覚がまじめになされているならば、西欧なりアメリカなり、外のものに対する批判は自然とある一致点を見いだすことであろう。こう考えると今日の日本文化は実に重大な立場に立っているといわねばならない。かつて明治時代の指導者は、物質上の繁栄に主力を注いで、先進国の国力に「追いつけ、追いぬけ」という態度を奨励したというが、われわれには、自己を高めるための外国文化の受容と、自己の内面的な独立の確保との二つともが同時に課題としておかれているわけである。

そこで日本文化の形成の過程をくわしくふりかえってみる必要がある。文化という語は日本人にとってまだ熟したものにはなっていない。だれにも親しまれているはずのことばが、いったい本来の意義は何であったかということになると、さっぱり明白でない。外来語だから当分のあいだはとても明確な概念は形成されないと見ている人もあるであろうが、そういってはすまされない重要性をこの語はもっている。まずもって文化は非常に入り組んだ組織をもつ総合体だとして考えたい。これを組み立てている個々の分子にこの名をしいて付け加えてよぶと誤解を生ずる。文化何々とか文化的何々とよばれるものはかなりに誤解を伴うのである。さればとて一種の有機体だというわけではない。この形成と崩壊は、部分的にいくらも経験されているので、何が本質的で、何が従属的であるかは、多くの観察と実験との結果わかってくることである。多くのものの総合であるからには、部分的に入れかわることも承認されるのである。

人間の進歩の過程は、つぎつぎと古い文化から新しい文化への転移をすることである。総合体としての文化は、ある時期にいたって全面的に無力になって、新しく総合をなしつつある文化にとって代られる。日本文化といわれるものも、何回かの脱皮を経験しているのである。こうして全面的に変更の起るなかを変らずに残るものがあるとすれば、それこそ民族文化の中核ともいうべきものである。しかも日本にはそうした中核のようなものがいくらも見いだされるのではないだろうか。それは上流階級や知識階級に見いだされるよりも、一般民衆の生活の内部により多く見いだされるのではないだろうか。そこに民間伝承とか常民文化といわれるものの重要性があるのではなかろうか。

もっとも常民というのは上層に対する下層を意味するものではない。上層階級もまた日常的な生活をする点で常民文化に接触しているのである。常民文化は強く意識されないで行われている日常生活のうちに流れている文化である。こういうものは一見文化と名づけにくいもののようであるが、これを文化からはぶいて考えると非常な失敗におちいる。どの民族もこうした日常的文化を中核としてもっており、ある場合にはそこにその民族の「精神」や「魂」が宿ると考えられるのである。かつて日本精神が何か顕著な現象に即してのみ理解されようとしたのは大きな失敗であった。顕著な存在、顕著な事件は、一見民族の渇仰を受けているように見えて、かなりの主観性独善性がふくまれている。そうしたものを中心として歴史的反省をすることは結局不完全とのそしりをまぬかれないであろう。

戦前戦時に日本文化の独立が叫ばれたのは、外来文化に対する不当な強がりであったらしい。そうした感傷的な動きは、かつて明治時代に非常に浅薄な模倣をしたということと相表裏するものである。明治、大正の文化は日本がかなりに西欧風を理解し受容したものとして意味があるが、その間連続してはなはだしい浅薄さがあるのであって、しかもそれが政治上の指導者から国民一般に推し及ぼされたきらいがある。この場合指導者は直接に外国文化に接触するのであるが、日本のような島国には指導者以外の者にそうした機会はとぼしいのである。いきおい、指導者たちの実際の成果よりも、その態度、方式に見習う傾向を生ずる。しかもなお、困ることには、明治時代には政治上の指導者と文化上の指導者とが、だいたい共通していたのであり、これが文化受容が権力的背景の上に推進せしめられるという事態を招いたのである。

明治のごくはじめはまだ政治的対立の空気が治まらず、指導者の地位もはっきりしない観があったが、十年代ともなれば次第に文化的に指導する政策ははっきりしてきた。西欧でもどこでもそれぞれ伝統があっての上であるのに、政策そのものを日本に移植しようとしたのはおろかであったとのそしりをまぬかれない。文化に非常に関係の深い諸制度がつぎつぎと模倣されることとなって、それがかなりに深刻な社会的影響をもつものであるのに、それについては注意されずにおし通されたのである。

たとえば相続制度であるが、当時必ず嫡長子が「家督」を相続するなどという習慣はなかったにもかかわらず、それを厳重に規定しようとしたのは、法制の形式的整備を急いだからである。民法法典の草案作成の委員会においてもこのことは論議され、委員の中には国民の生活の実情に照らして慎重にきめたいというものもあったが、結局、「農民の慣習は慣習とすべからず」という意見に基き、嫡長子相続制度を支持する者がふえたということである。当時は、国民の大部分が「農民」であって、その生活を内面的に高めていくことが必要であったにもかかわらず、農民本位の見方は簡単に否定されて、ただ盲従をこととする弊風を醸成してしまった。

婚姻制度なども同様で、親の方針や媒酌人の意見にのみ従って、本人の意志をおもんじない「嫁入り」の制度は、当時は一般国民にとってはまだ経験の浅いことであって、その適否の判断をなすべき時期でこそあれ、盲従させることは必要でなかったにもかかわらず、あらゆる面においてそうした形式的な整序への指導をくりかえしたから、国民は全く自己のふつうの経験や習俗に自信を失って、もっぱら追随に走るようになった。

こうした傾向は政府の中枢からばかり生じたのではなかった。農民の中堅といわれる人々が旧士族の生活をあこがれ、その水準が国民全部にとっての典型だと考える傾きのあった点を指摘せねばならぬ。農村にはかなりの共同的慣行が維持され、それが特定の権勢家や富裕者の専制を避けるような条件をなしていたにもかかわらず、明治十年代の変動によって、むしろ文化上のはげしい専断と追随とを生じたのは全くふしぎなくらいである。相続制も婚姻制も、このようにして村の中堅層から自主性なき模倣が行われるにいたったのである。

長い目で見れば、浅薄な外国模倣そのものは、日本のように文化の古い国にはたいして意味はもたないはずである。すなわち表面的に目だつことばかり模倣してもそれは結局においで受け入れられず、かえって反動をひき起すおそれさえあるくらいである。むしろ問題なのは一つの模倣そのものよりも、たえず模倣をしつづけるという習慣を醸成することである。実際に外国文化に接触し、体験する者は非常に少なくて、それらの態度を模倣しようとする者が多いのである。そうした弊風が明治時代に日本の農村の上層部に養われたということは注意すべきである。

「四民平等」というスローガンはこういう場合実によく利用されたらしい。四民といっても、別に士農工商の四つを区別して考えているわけではなく、士族と平民ということであり、士族と平民とを平均化することにこの標語は用いられたのであるが、その際少数の士族を大多数の平民の側へひきつけて解釈することはちっとも行われず、平民の中の余裕ある者が自己の生活水準を上へ無理に引き上げて士族にそろえることを目途としたのである。士族は当時没落の一途をたどったから、つまり上層平民はそれら士族の過去の不平等時代の幻影を追うたわけである。それほどまでに彼らの文化上の劣等感は大きく、それについての復讐《ふくしゅう》の念は強かったのである。

指導者たちがもし自国の常民文化について正当な評価をなし、外国文化についての鋭い判断をなし得たならば、こうした誤りはなかったはずである。ところが彼らはむしろこのように盲目的にあせる中堅層の人々をあおり立てて、追随的空気を国内にみなぎらせたのである。こうして明治文化は、統制色の濃いものになっていったが、それを危険視するものは非常に少なかった。明治の諸政策は現在でもかなり美しく回顧されやすいが、その大きな失敗の一つはここにあったと断定してよいであろう。そして現在の風潮のなかに、これらと同様の危険がないとはいえないのであって、今まさに日本人の文化の受け入れ方の態度についての反省や批判のたいせつな時であると思う。

表層文化と基層文化

日本文化が非常に錯綜《さくそう》した感じを与えていることは、いったい何によるのだろうか。外国人のなかには日本文化の中の数多くの矛盾した要素を指摘した人がある。しかしよく考えれば、日本文化に対する理解が浅い場合にそうした矛盾ばかりが目につくのであることがわかる。日本人のなかにもそうした批評と同じ方向をとっている人がある。かつて日本文化が重層性を有すると説明した学説があったがそうした重層性とは何によるものであり、また重層性といわれるようなものを容認している日本人の生活の基礎がなんであるかを明らかにしなければ意味がないのである。

重層性といえば、人によっては貴族文化と庶民文化との重層性と考えるだろう。あるいはまた人によっては外来文化と固有文化との重層性ととるであろう。しかし日本文化の形成は長いあいだにわたってのものであるから、こうした二つのものが対立してきたということはできない。

これを表層文化と基層文化との相互関係で考えるならばかなりに明白になる。日本は数多くの山脈によって小地域が並在している。それらに少しずつ異なる生活の伝統が保たれている。くわしく調べるとその基礎には遠隔地にそれぞれ一致するものがあって、全体としての統一を見いだすことも可能なのであるが、個々の生活環境に結びつき、歴史的事情が働くところの地域的な文化形態としてはかなりに異なった特色を発揮している。ことにふつうの人には基層文化に目を注がず、表層文化にのみ注意するために、歴史的事情の差異に気を取られやすいのである。しかもそれを一回限りの事件の生起と結びつけて年代史的理解で進めようとするから、ここで各地の郷土性、地域差はいやが上にも錯綜して、非常に複雑なものに見えてくるのである。ことにかつての概括的な日本文化史論が浅薄であったことを批判した上で、地方の歴史を具体的に調べようとする場合は、意図はよいが、いたずらに錯綜にまぎれこんでしまうおそれがある。地方史や郷土史の研究には、こういう弊害をさけるための基層文化への理解、その相互の比較研究が非常にたいせつになってくる。それには年代記にとらわれる習慣をやめなければならない。

年代記による歴史構成は文字の偏重である。基層文化を度外視して地方の歴史を見る時には、その地方の生活としては二義的な問題にのみ没頭するおそれがある。文字に記録する必要のあったのは、どうしてもごく限られた範囲の事柄だからである。こういう限られた問題についての研究をいくら積み重ねても、日本文化の形成の本質的な問題は明らかにならないだろう。

そこで、どうしても基層文化への理解が必要となる。もちろん各地域の特殊性は認めるので、錯綜した感じはいっこうなくならぬように思われるが、その特殊性を越えた日本文化全般の問題を、相互比較によってしだいに明らかにすることができるのである。われわれが各地の民間伝承を調査するのもおもな目的はそこにあるのである。

たとえば青森県に毎年七月七日にネブタという行事がある。弘前《ひろさき》あたりではこれを佞武多《ねぷた》と書き、由来としてむかし坂上田村麻呂《さかのうえのたむらまろ》が蝦夷《えぞ》を征伐した時、蝦夷の大将を誘い殺したのを土地の人々が今もって伝え、こうした大きな飾り人形を作って町をねり歩き、海に流す行事をしているのだという。しかしこれと似た行事は他の諸地方にあり、人に害をなすけがれを水に投ずるという点では根本的に共通している。ネブタということばも、夏の時季におそいかかる睡魔のことで、それを人形やら飾り舟やら灯籠《とうろう》やらに託して流すことが基本なのだということがわかってくる。ネブタにむつかしい漢字をあて、坂上田村麻呂うんぬんの話をもってきたのは、ある時代の文字に親しむやからのしわざであったということになる。坂上田村麻呂以来ということが無理なのは紙やろうそくがいつごろこの地方に普及したかを考えてもすぐわかることである。

これらのことは相互比較によってはじめてわかることである。自分の土地の一回限りの事件の書きつらねが郷土史を構成すると思いこんでいるうちは、こうした貴重な発見はあり得ないのである。また文字の知識ある者は、自分の狭い知識からかってに文字をあてはめて快しとしていたのだから、その臆説を尊重する必要はないのである。それにしても、彼らは文字の使用に対して民衆が従順であったかどうかは注意せねばならぬ問題である。

文字を用いないでも重要な知識を伝えていたのに、文字ある人々の力に対しては積極的に反抗するとは限らなかった。おそらく文字が政治権力の背景のもとに用いられる場合には、従順ならざるを得なかっただろう。

七月七日の行事としては、こうした人形流し、灯籠流しのほかにもたいせつなことがい

タナバタの飾り

くつかある。この日には必ず髪を洗い、仏壇の道具類を洗うべきだとしている土地は全国的で、さらに九州あたりでは必ず水浴する日と伝えた土地が多い。悪い霊魂の働きをはらいすてて身を清めるという観念が働いているのである。七月七日はそうした点で重要な日であった。盆の七日前に当って、祖霊を迎えるためのきよめが必要だったからである。

タナバタという語は七夕という漢字と直接結びつくものではない。その語の意味もはっきりとはわからない。タナバタツメ・タナバタヒメの名から、棚《たな》の上で機《はた》を織る乙女のことという想像も生ずるが、棚の上ですることが神に供えることを意味するだろうというだけでそれ以上はわからない。ところが、タナバタについての民間伝承を調べてみると、全く意外な事実がわかってくるのである。

タナバタはふつうに牽牛織女《けんぎゅうしょくじょ》の星を祭る行事だとされているがいかにこれが盛大に行われるとしても、それはもともと都会に始まったことで、村落では全くちがった気持でこの日を迎えていることがわかるのである。『歳時習俗語彙《さいじしゅうぞくごい》』には鳥取県のこととし、『佐渡年中行事』『北安曇郡年中行事《きたあずみぐんねんちゅうぎょうじ》』にもあることだが、タナバタの日には雨が三粒《みつぶ》でも降るものだ、降らねば災いが生ずるという村がいくらもある。筆者がかつて茨城県久慈郡《いばらきけんくじぐん》でこのことをきいた時は、星祭との対比のあまり大きいのに驚いたが、実はこれと同じことを東京・横浜付近、山梨、愛知、宮城など各地の農村でもいう。おそらく全国的であろう。それも昔の王朝に近い土地の奈良県磯城郡《ならけんしきぐん》で同様にいうのには、なお驚かされる。ここではむしろ短冊《たんざく》が流れるほど降るのがよいとしているとのことであった。これを語ったのは村でも中堅の教養ある老人であったが、星についての話は知らないということであったから、笹も短冊も星への手向《たむ》けを意図したものでないことがわかる。もちろん各地の習俗には当事者が全く意図をもたないものがあって、この場合も意味の解釈には注意せねばならないが、これほど各地で一致している伝承をうたがうわけにはいかない。すなわちこの日はわが身も田畑も水によって清めの儀礼を受けるべき日として、農家にとっては生産の上にたいせつな意味をもつと考えられていたのである。星の神の信仰は日本ではあまり発展しなかったことは、ほかにも証明の道がある。『万葉集』にはあれほど七夕を賛美した歌が多くあるのに、それも結局文字ある者の趣味や流行にとどまったと思われる。

これと同様なことは、年中行事について多く見いだされる。盆の儀礼なども、古い霊魂観がよくあらわれており、仏教教理をもってしてはとても説明ができない。日本人に仏教が受け入れられたのも、こうした祖霊信仰との接合が起ったということが大きな原因をなしているのである。

祖霊を迎えるということも、葬送における死霊への儀礼とは異なる感じのもので、むしろ大きい晴れの日の行事であった。土地によってこの日のあいさつが、「おしずかなお盆で、おめでとうございます」である。これは見方によっては、去年中に死者を出した家の行う新盆をさびしい盆として表現することと対比してのものかと思われもするが、それとしても、めでたいという語感は晴れがましいものであり、盆には生命力を祝福する行事も所によっては明らかに伴っているのである。すなわち、親や親元に対して礼物をささげることは、古い記録にも「いきみたま」(生御霊)として表われ、またこの日必ず魚を食うとし(ボンザカナ)、特定のはしを用うべしとするなど、正月行事との類似さえ多くあるのである。

盆棚《ぼんだな》のさまざまなしつらえにしても盆花にしても、よく調べてみると、神を迎える形式をそなえていると思われるふしが多い。祖霊を送りかつ迎えることが、家としても村としてもかなりに具体的な方式となっているのは、特に注目すべきで、祖霊がどこから来、どこへ行くかについても、山のいただきとか海とかに観念されていた痕跡《こんせき》もかなりあるのである。

これらのことはすべて文字の記録には非常に例のとぼしいことである。盆行事の諸要素は調べるに従って全国共通のしかたから系統的にたどれることがわかってくるので、これがかってな気まぐれな地方人の変更ではないことは明らかである。仏教の教義で説くところはごく部分的にとどまり、多くの人々が民族的信仰に生きていたことが、明白に示されるのである。

四月八日の仏誕会、十一月二十四日の大師講なども同様にして、行事の内容をくわしく比較対照することによってその本来の性格がはっきりしてくる。地方の伝説に弘法大師、聖徳太子、源頼朝などを引きあいに出すものは多いが、それら伝説の中核となすものを多くの例の比較により見いだすならば、歴史的人物の事績はほとんど問題にならぬものであることが判明してくる。

こうした年中行事について重要なかぎである暦《こよみ》がまた日本文化の性格を物語るものとなる。暦はもともと農業をおもな産業としている社会には重要視されるので、日本でもきわめて細かく発達したのであるが、それは各地域に即したもので、少しずつの差異があって、国全体のものとは直ちになりにくかった。中国からはいった暦学の知識が、日本人にとっては、大きな刺激であったことはもちろんであるが、それでも、各地において動植物や自然の現象を通じての経験を積み重ねてきた、慣習の暦にとってかわることはできなかった。早く七世紀の『隋書《ずいしょ》』「東夷伝《とういでん》」に、日本で元旦に射戯飲酒する風があり、その余の節もほぼ中国と同じと、あっさりかたづけているが、当時から流入しはじめた大陸の暦に、朝廷や貴族はかなりひかれたとしても、民衆はあまり従順ではなかった。村々が文字の暦に従うようになるまでには、きわめてゆるやかな歩みがあったようである。たとえば元旦のことであるが、これは朔日《ついたち》・晦日《つごもり》の観念に伴うものである。中国では諸侯をして正朔を封じさせるなどといって、新しい暦本を政治権力の背景によって普及せしめたのであるが、日本ではそういうことはあまり行われなかった。ツイタチ・ツゴモリの観念よりもさきに、モチノヒ（満月の日）の重要性が強く支配していて、これによって信仰は維持されていた。

現在の民俗でも満月の日が重視されているなごりは数多くあげることができる。一月、二月の数え方さえ日本ではもっと根本的に春の四月がとうとばれた痕跡がある。暦は文字の知識より以上に万物の生命の秩序のように考えられていたから、自分の土地にとってもっとも自然なたて方が好まれたのである。そうして文字の暦の統一だけで民衆を統御することは根本から不可能であった。文字の知識の系列とは別に常民の文化が営まれる傾きがあったのである。

以上のように、諸現象を通じて表層文化と基層文化との差異を見いだすことができる。それならば、両者の統一はどのようにしてなされるのであろうか。

外来文化への対応

各地の民間伝承が一見はなはだしく雑多なもののように見えながら、遠隔地における一致がはっきりと示される例はすこぶる多く、日本国内における民俗の統一性は明らかな事実だといえる。比較研究を十分に行わない場合には、民間伝承と高度の顕著な文化すなわち有識者の文化との結びつきが安易な手続きでなされるので、一回限りの「事件」としての性格を重く見すぎて、文化の統一性は見いだしにくくなる。日本文化が従来錯綜した重層的なもののように印象づけられた原因はこうしたところにあるようである。

そこで民間伝承相互の比較をしつつ、その間に見いだされるある種の体系をもととして、高度の顕著な文化との結合関係を考えることが、日本文化の研究には非常に重要な仕事となる。この作業は、表層文化と基層文化との総合と考えてもよく、現在もっとも注目すべき仕事である。

民間伝承と高度の顕著な文化とを対立するもののように考えるのは誤りで、だいたいにおいて後者は前者に形式を与えたようなかたちになっていることが多い。すなわち実質的なものはいつも前者に備わっており、後者は整頓《せいとん》した形をもちながらも実質は前者にゆずらざるを得ないという場合が多いのである。

たとえば墓制について考えてみると、墓碑というものの存在は、なるほど今日はどこの町や村でも墓地といえば墓碑の群れをさすほど顕著な存在になっている。しかし墓碑が民衆に用いられるようになったのはかなり新しいことで、どの地方でもだいたい二百年から二百五十年くらい前のことであるらしい。今でも墓碑なしですましている村もあり、そうしたところでは霊魂をとうとぶ念が乏しいなどとはとてもいえないのである。墓碑のふえたこともある時代からの風俗であったといわねばならない。そうして今となっては、あまりに墓碑が多すぎて一つの悩みとなっているともいえる。墓碑が個人でなく先祖代々となっていて、したがって墓碑の集合場所はごく狭い面積ですみ、別に埋葬地を村としてもっているという例が近畿地方には広く存在する。このような習慣の土地では、このほうが土地使用の節約になるのだと説く者もある。おそらくその説明は直接の理由ではないであろうが、この問題は両墓制の名の下にいまは多くの研究者の注目するところとなった。墓碑を立てることが、いろいろな墓制の型の比較によって、第二次のものだとわかれば、埋葬地こそ本来の墓所だということになる。したがって埋葬地をハカとよび、墓碑地のほうをラントウなど第二次な呼称でよぶ例が多い。しかしもともと埋葬地だけですんだのではないらしく、死者の霊をあがめる場所が別に必要だったらしい。埋葬地はどちらかといえばへいぜい人々のいかぬ土地、山林中や谷間や河床や海浜を用いており、墓碑地は村としても形勝のよいところを占めている。そうしてこういう区別がはっきりしているのは、だいたいにおいて村落が地域的な共同性を確立し得ているところ、村落として信仰の中心(ウブスナ、鎮守など)をもっているような地域であり、同族団の力が地域的共同を妨げている村には概して見にくいのである。近畿地方で両墓制の行われる村でも、その土地の権威ある旧家などは例外で単墓制を行っていると語る場合が多い。同族団はそれだけで墓地を構成している例が多く、村としての結合以前にそうした血族的な信仰の中心をもつ集団がもっともおもな単位であったと考えられる。

そうして、墓碑地は当然後代の成立だとしても、それが祖霊崇拝の本来の聖地であった痕跡を残している場合がある。それら本来の聖地こそ、村人の集団生活を保護する霊のありかとして悠久な生命をもってきたものなのである。

こうして墓制についての検討は、祖霊信仰の基本的な点を明らかにするもととなるが、これら墓制に関する事柄は、ほとんど記録に見いだされないのである。明治初年以来土地の権利が厳密に考えられるようになって、墓地についての文書が作成されたが、それ以前の実態については文書によってはほとんど示されず、反対に伝承によってつぎつぎと重要な事実を知りうるのである。

葬送の制についても同様である。それは人々の生死観・霊魂観について重視すべきものをふくんでいるが、記録によっては、ようやく周辺的な事柄を知りうるのみで、本質的なことは伝承によって知るほかはない。

さらに、神社信仰についていうならば、これは教理書によってはほとんど明らかにならないのである。日本人のごく自然な感情のように説かれる場合もあるが、その場合には知識によって教育された人々を除くべきで、明治以後神道として説かれたものの多くは、実は不純な要素の多いものであった。復古神道などといって、ごく古い時代の神の観念を知りうるとして、それによって世俗的な通念を排斥しようとした学者もあるが、その知りうる通路としては『古事記』、『日本書紀』などの古典によるとしたので、そのために古典の主観的な解釈にとどまってしまった。明治初年に神道を重んずべしと考えた人々の論拠はこれら「復古」学説にあったので、現実に生きて動いている信仰の実態の把握がなされぬままに過ぎてしまった。神社の祭の式作法、神官の服務法、氏子の組織・神社建築等々すべてにわたって、主観的な教説によって律せられるようになった。ことにいちじるしい問題は、神社を併合して、氏子の組織を改編するということであった。これが、明治初年と末年とにはげしく行われ、村々に大きな衝撃を与えた。

明治末年に特にはげしい神社合併を行った地方で、南方熊楠《みなかたくまぐす》のように根強い反抗運動をした学者もある。彼は樹木の美しくおごそかなのが切り倒されて、新しい社殿の建造費となるという点に大きな疑いをいだいたが、樹木の神聖観は日本人の心に根ざすものであったからこの疑いはまことに自然であった。しかし、当時この政策に対して他にはさして反対運動らしいものを見ず、その後敗戦まで神社政策には基本的な変更がなかった。

祭の作法でも祭をつかさどる者の地位条件でも、古くから村人に親しまれ来ったものが概して無視され、政府の統制が強行された。今日残存している慣習について調べてみると、その氏子圏として本質的な要件を満たして、ごく自然な規制を行っている点でまことに興味深い。そうしてこれまた記録によってうかがい知る範囲はごく小さいのである。

明治政府がこのような神道政策を強く押し出した第一歩は神仏分離にあった。すなわち祭神を権現《ごんげん》、菩薩《ぼさつ》というなどの混交が村々にははなはだしく、これを黙過するには忍びぬというのが動機で、全国にわたって強硬な態度で神道と仏教との分離とを行った。この時の混乱は実に大きく、語り草としてもかなり残っているが、その当時の政治的変動があまりにも大きかったから、その陰にかくれてしまっている。

神道と仏教とを混交しているという事実こそ、前に盆の儀礼についてふれたように、日本の民間信仰の基本的な点にふれるのである。いかにも僧侶《そうりょ》や寺院の管轄の中におかれているように見えながらも、実体は全く神社信仰であるという例が全国にわたって普通だったのである。それを内面的な考察なしに、外形の問題としてはげしい破壊を行ったのが神仏分離であった。山岳宗教、修験道《しゅげんどう》の場合にはそれがまさに深刻な問題となった。それが今日になってある部分に反撥的《はんぱつてき》な再燃を起しているのは当然だともいえる。

こうして民間信仰の基本的な問題について考えてみると、日本人が信仰のような生活の中核の問題についてどのような考え方をしてきたかがわかるのである。仏教は外来文化としては特に威容堂々としたものであった。日本は島国であるためにそうした堂々とした文化体系でも、少しずつ一歩二歩と訪れてきたのであり、急激に全土を掃蕩《そうとう》してしまうということがなかった。それだけに固有のものは残りやすかったわけであるが、同時にはげしい対決の機会はとぼしかった。仏教といえども大陸に興ったすべての教説が日本に伝来したわけではない。仏教のある一部分が日本に入り、それがまた日本の固有信仰によって変容をうけるというのがふつうであった。

宗教や信仰の問題に並んで切実な問題となるのは文字であろう。文字は中国から教えられて始まった。九世紀のころ、かなが案出されたということは偉大なことであった。しかもそれ以前にかなり自由な感情表出を漢字を用いてしていることが万葉集で知れるのである。漢字を自在に駆使することはとても民衆には及びがたいことであったから、ずっと後代でも片かな書きの文書が珍しくない。漢字を堂々と書きならべることは、芸術的であると同時に、字に親しまないものにとっては神秘的な圧力として受けとられたことであろう。江戸時代の村々の生活では、どんな重要な法令でも、代表者によって読み上げられ、一般の者はただ耳を傾けているほかないのがふつうであった。僧侶が口にし、筆にするものの中には梵文《ぼんぶん》・梵字《ぼんじ》があったが、それらは呪術的詞章《じゆじゆつてきししよう》としての働きをしていた。宗教家のそうした呪術性がしだいに解消してくる過程が室町後期の狂言などによって知られるが、もとよりそれは京都付近のことであり、それ以前に彼らの梵文を用いての呪縛《じゆばく》にかかっては民衆は畏怖せざるを得ないのであった。梵文は真言すなわちまことのことばとして観念されていたくらいである。

文字によって民衆の面前につき出されるものに法令がある。法令文は特に難解なものとされ、それが法律とか刑罰とかの効果を伴ってくるだけに、威圧的な影響を与えることおびただしいものがある。法令が民衆の利益を直接的に代表し、その生活を保護するならば問題はないのであるが、そうでないことが往々にしてあり、ことに各地各様に発達したせまい範囲の道徳に対比してみれば矛盾するような部分さえ多くあったのである。

明治になって憲法政治がしかれて以来、かつての法令の圧迫的な空気は次第に遠のいたのであるが、それでも法令と道徳との矛盾に民衆をつきおとすような場合が決してまれではなかった。法令では全く取り上げていない義理の親子の関係というものが、存外根強く民衆の生活に食い入っており、それが親子の道徳を要求する場合には、かなりの実際上の拘束を生ずるだけに、めんどうな問題をひき起すのである。法令は当然そうした民間の慣習の存在をも考慮して制定すべきものであり、学問の発達は次第にその理想に近づくであろうが、現在までのところは、法令があまりにも抽象的な系統を引いているために、不幸な出来事が多いのである。

　日本人は文化の移入に際して常に必ずしも自主的な判断をしたというわけではなかった。むしろ、不当に隣国をあこがれたり、新奇を好んだりすることが多かった。国内の文化運搬には民衆に親しまれた宗教家たちが従事していたが、彼らは、村の人々の都に対するあこがれの心によって歓迎された。国内での異人憧憬《いじんしょうけい》や貴種尊敬さえこのようであったから、まして外国に対する心酔ともいうべき態度が発揮されたことはしばしばであった。外国心酔は今始まったものではなく、由来の久しいものである。しかもそれが権力者によって推進される時、いっそうはなはだしい追随を生じるのがふつうであった。

　それにもかかわらず、日本人は日本文化の独自性を失いはしなかった。目だたぬところに豊富な常民文化をもっており、それらが外来文化のいかなる要素に対しても根強い対応を行い、新たな表層文化の建設の母胎となったからである。

一〇　不安と希望

不安と危機感

現代は不安の時代といわれる。人間存在の根本的不安の思想は哲学、文学を通して全世界の人々の心にひろがっている。それはすでに第一次世界戦争を契機としてあらわれた。戦争が世界的規模において行われた結果、あらゆる面に変革が余儀なくされ、現存の秩序や組織や権威に対する信頼感、精神生活をささえてきた宗教への帰依感《きえかん》が失われ、この世界全般をおおう危機的性格に照応して、絶望的な不安、救いのない不安が人々の心を占領したためである。そして不安はさらに不安を呼び、世界の破局と危機をいっそう促進していくかに見える。普遍的倫理や生活態度の規準は見失われ、永遠の真理は便宜主義と利己的な政治の影にかくれて、人間の自己喪失はいたる所に顕著である。

敗戦後の日本は、都市と産業の壊滅、衣食住にわたる不安定、政治の貧困、経済の破局、さらには原子力兵器を伴う第三次大戦への恐怖にさらされつづけてきた。われわれは今日、民族としても個人としても、不安の深刻さは限界点に達している。世界は両極にわかれて鋭く対立し、その中間勢力はいまだ結集されず、その一顰一笑《いっぴんいっしょう》につれて国内には両極へまっしぐらに進む言動があらわであり、大衆はモラルを失って虚無的なデカダンスや安易な精神的麻痺《まひ》に逃避する傾向が、強く世相に反映している。国際政治も国内政治も、経済界も精神界も、この不安解消に集中しているように見えつつ、かえって世界の不安と危機感をあおるかのようである。おそらく今日のわれわれほど、まじめに生きることの困難さ、苦しさを味わった時代はかつてないともいえるであろう。

世界に対する不安、社会に対する絶望、生存に対する不安は、ひいては自己自身に対する絶望感をひき起している。それはキェルケゴールの表現を借りれば「死にいたる病」にほかならない。現代の哲学が彼を先駆としてハイデッガー、ヤスパースなどの実存哲学を展開し、「不安」をその根本概念にまで高め、生存を「死への存在」「死の不安」においてとらえようとしているのも、またバルト、ゴーガルテン、ブルトマン、ブルンナーなどのドイツに起った危機神学も、その基底にはこのような世界的な不安に対応し、絶望的な終末論的思想を背景として生れてきたのだともいえるのである。

しかし筆者はこの項で、日本人の現に当面している国際的不安や国内の政治経済上の不安を取り上げ、その解決の希望を述べようとするのではない。またそのような不安の根本観念を哲学や思想の面で追求し解明しようというのでもない。これらは現在の日本人にとって、いずれも直接的かつ重要な課題であるには相違ないが、それにはそれぞれその道の人があるし、この書物の主旨に合わないと思われる。筆者はここではもっぱら、日本人の精神生活において過去に不安がどのように感じとらえられてきたか。またこれをどのように処理してきたか。それが日本人の生活や文化の上に、人生観や宗教的態度の上に、どのように反映し、それらを性格づけてきたかを探ってみたいと思うのである。

不安はいうまでもなく主観において感じ取られるものであるが、それは一般に精神的、生活的な秩序と平衡関係の突発的あるいは漸進的な破綻《はたん》によって起ると考えられる。したがってそれは客観的な広さや深さの差にかかわらず、感じ取られる不安は、まさに人間的なものである。すなわちそれは現代の特産物でも、特定人種の専有物でも、また思想家や宗教家や哲学者の自覚内容にだけあるものでもない。ハイデッガーもいうように、人間のエクジステンチアール、すなわち実存（自覚存在）的なるものでなければならない。人間が自己の存在に関心をもちつつ存在するというところに本質的な不安があり、危機感があるのだとすれば、人間が生を考え、死を発見した時、その生存の場において不安を感じ取らざるを得なかったのである。もちろん動物は一般に多少とも本能的に自己生存に対する不安を直感するらしい。しかしそれは刹那的《せつなてき》、衝動的であって、精神内に永続せず、咀嚼《そしやく》されることもない。だから絶望や罪におちいることがなく、死にいたる病とはならないのである。この点で人間だけが不安を自己のものとしている。不安は人を駆って確実性への探究、すなわち不安の原因をさぐり、より強固で確実な生活や態度を樹立しようとする。

疑問と解答、不安解消への積極的な処置や身構えを求めようとする働きにおいて、科学、哲学、芸術、文学、あるいは制度や慣習を生んできている。不安はそれゆえ、人類文化の基底的な要因と見なすことができるのである。そのなかでも、不安は古来、呪術および宗教の発現と発達にとってもっとも直接的かつ重要な意義をもっているといわれる。

不安解消と確実性の探究の結果として、呪術《じゅじゅつ》と宗教が人類共通の行動として生み出されてきた。呪術と宗教の先後、並行の関係はフレイザー以来論じられてきたところであるが、そのいずれにせよ、人間が人間以外の、人間以上の力の存在を発見し、その超人間的力とかかわり合おうとする要素においては共通している。そしてシュライマッヘル以来、宗教を定義して、帰依の情とし、畏敬の情とし、無限の想とし、また宗教の起原を論じてアニミズム、ナチュリズム、プレアニミズム、トーテミズム、死者崇拝説など、多くの学者が種々に論じてきたのであるが、そのいずれもが、人間の存在認識における有限性、時間性、必然性、不確実性の自覚のもとに、それを苦なるもの、不安なるものとして、無限性、永遠性、自由性、確実性を追求しようとするところに、宗教の発現と神々の誕生を見ようとする傾向が支配的であるといえる。

時所占有の不安と劣性感

日本においても古代人が精霊や神々を発見し、それに帰依と祈りをささげ、あるいは多くの呪術や禁忌を案出採用してきた根底には、依然このような自己認識と評価、ここからひき起される不安感、危機感の先行している点は、決して例外をなすものとは考えられない。そしてこのような不安は、第一に日本人の生活形態の本源をなす時間と場所の占有という事実から導かれたものが、もっとも中心的かつ恒常的な不安であると考えられる。

本書でしばしば言及されてきたように、日本人は歴史時代において、すでに強固な定住性を確立していたという事実は、日本人の生活様式の樹立において基本的条件であるばかりでなく、その精神生活の内面に決定的な素因をなしている。定住とは場の占有とともに時間の占有を意味している。この占有の意識は、すなわち自己存在についての自覚と認識をもたらし、無意識的な生活様式を、歴史的必然性と現在的モーレス的秩序性として意識せしめるにいたる。そしてこれらを通して、自己の限界性が自覚せしめられる。場の占有が無意識的である限り、それは自己の占有する場そのものが一つのミクロコスモスであるから、そこにおける必然性は、それ自身必然なるものとして意識されることはない。しかしこのミクロコスモスが、内外の平衡関係の破綻によってくずれ、それがより広い外方の世界につらなる小社会であり、そこにおける活動や生存の場が一つの限定されたものであり、未知の、外方の強力な世界や、ある存在者の存在を知るようになれば、そこに自己の生活や能力の限界についての認識が起ってくる。

また場の占有は空間的であるとともに、時間の占有を必然のものとする。無限の流れのなかに有限の時間を把握《はあく》してくるというのは、自己が明白につかまれたことを意味している。したがってそこからは歴史の開展が可能となろう。時間と場所の占有を契機として、有限性が自覚されるとともに、変化が自己においてとらえられるようになる。

この自覚は一方において生活の伝承性、系譜性を明確にし、共同社会の意識を強固にしていくとともに、劣性感《インフェリオリティ・コンプレックス》を醸成してくる。農耕社会に深く根をおろすこの劣性感は、その根底に自己の無力さ、人間のはかなさ、世間や自然のつねなさ（変化流転）といった認識がある。この認識はいわば宗教の本質を形づくるべき性格のものである。そこからは自己以上の他者に依存しようとする態度と心理が養われてくる。超人間力への依存は、これを媒介として一方では宗教を、そして他方では呪術や禁忌を生み、それらは次第に儀礼化し伝承化して、久しく持続していくが、その間に人々は人間の罪の意識や汚れの自覚をもつようになってくる。

この他者依存の態度は、さらに他方において、より強い力、より高い文化がしばしば未知の世界から、人々のミクロコスモスのとびらをたたき、押し入ってくることによって、いっそう助長される。それはある場合は大きな災害をもたらす不可視の力の侵入であり、ある場合は幸福や知識を賦与してくれる神や異人の来訪でもあった。農耕生活が自ら動かぬ植物的な性質をもつ以上、そして農作物が常に天然の、外部条件に左右される運命をになっている以上、人事を尽したあとは常に天命を待つという態度以上の、積極的な転換は望み得ない。したがって人々は常に受身に、外からくるものに相対している。

呪術や宗教が、農耕社会において急激に発達したのは、時所占有による有限性の自覚に伴う存在の本質的不安と変化を、自己によってとらえることからひき起される平衡関係の破綻に伴う危機感、およびこれらを通して養われた劣性感に負うところが多い。自ら動かずして外からくる力にすがり、あるいは外方からの脅威に対抗しようとする心理は、一面において神霊や祖霊が定期的、臨時的に村々家々を訪れ、帰ってくるとする信仰と、疫病や災害をもたらすスピリッツやデモンズが同じく往還をたどって村々家々を襲うとする信仰とを習合的に形成し、これに対する儀礼を種々に作り上げていくとともに、実際に外方から村のなかにさすらい、訪れてくる宗教的、呪術的旅人を畏敬し、歓待し、その教説に対して、はなはだ従順な態度をとるにいたったゆえんであろうかとも想像せられるのである。そしてこの定住農耕生活のなかにつちかわれてきた宗教的、かつ人間的文化的ホスピタリティを契機として、局地的小集団のミクロコスモス的共同社会が、はじめてより広い共通性、普遍性の発見によって外方に開放され、次第に地域社会から全体社会、すなわち民族の意識にまで展開していった有力な原因の一つと見ることができる。

そしてこの性格は、日本人の信仰生活のいちじるしい特徴をなすとともに、生活全般の態度において、ことに外来文化の受容、変容の態度において、顕著な傾向を発揮してきたことは、従来人々の注意してきたところである。このような民族性は、一面では外部からの文化力や政治経済的な圧迫感にも影響せられて、優越した外来的、異質的、権威的、不可知的なるものに対して、憧憬《しょうけい》、好奇の心を活発にし、模倣追随、または謙虚な信順、依存、寛容の態度を取り、それによって民族性を豊かにし、生活と文化の足りないのを補い、独自の文化や生活の形成を行っていったいちじるしい長所を発揮してきたのである。しかしそれと同時に、他方優者に対する卑屈盲従、主体性の喪失、流行追随の弊や、同じ心理の裏返しである文化的、経済的、政治的劣者に対する排他、軽侮の態度や、極端な自己独善の弊へ猪突《ちょとつ》する可能性をもまぬかれ得なかったのである。

人々の属する共同体の結合と集団意識が強ければ強いほど、この傾向は強くあらわれる。愛郷心とか愛国心といわれるものの中に、時として他を排することによって、あるいは他をさげすむことによって、いっそうそれらを強調するような傾向をまぬかれ得ないのは、それが単純な優性感《シューペリオリティ・コンプレックス》によってもたらされるのではなく、常に存在不安に基く劣性感がひそんでいるからにほかならない。したがってそれは防衛対抗のための優越強調であって、往々ナショナリズムのもつ宗教的性格と合体し、独裁的、全体主義的な政治形態を肯定する思想や宗教の発達を促す契機をもなすのである。

不安の解消と儀礼の発達

このように農耕定住生活を媒介として獲得された自己存在についての限異性の認識と、

外界および人間間、人間内部における法則的秩序的な変化、もしくは突発的偶然的変化、破壊などによってひき起される不安は、人々を駆ってその原因をさぐり、これを解消すべき方法の発見へと向かわしめる。

前者すなわち限異性の認識による不安は、人生体験において常恒的かつ心内的本質的なものであり、これに対して後者すなわち変化性の認識による不安は、時間的（刹那的）かつ肉体的現象的なものである。したがって前者からは神の存在、霊魂観、人間観、罪の意識といった民間神学が生れてくるのに対して、後者からは変化の原因探究による科学的と呼びうる断片的な経験知が集積されるとともに、変化によって破れた平衡関係を新しい秩序にもたらそうとする儀礼様式が生れてくると考えられる。

不安に対する確実性探究の努力は、一方では事実に関する確実な知識を拡充していくとともに、他方かくあれかしと願望する空想の下に生れる呪術を組織づける役割をも果している。この二つの範疇《はんちゅう》を異にした知識群が混同、未分化のまま、古代人の精神生活を形成している。そして呪術が常に確実性のある事実に基く知識や論理の世界を上まわり、混融未分化の状態にとどまるとき、それはホモ・ディヴィナンス、すなわち呪術人としての行動を強く示してくる。そこに求められる信仰は、人生における行動の哲学を作り上げ、多くの現象を非合理の学説や法則の発見によって説明しようとする。マナ観念、アニミズム的霊魂観がここから生じ、超自然力に対する情緒、関係意識、行為、態度が起る。こうした宗教的経験の二つの手続きとして呪術と宗教がある。しかしその境目はきわめて不明確であり、ただ儀礼様式として包括しうるのである。

儀礼様式は、したがってその体験される変化の種類に応じて、三種に分類しうる。第一は外界の、日月星辰の運行や四季の変化、食用植物、ことにもっとも神聖な穀物と信じられてきた稲の播種《はしゅ》、発芽、移植、成育、成熟、枯死の循環過程などの、いわば自然法則的な変化と見るべきものに対する儀礼群がある。これらは多くは季節的に一定した恒例の儀礼として伝承される。第二のものは台風、霜雪、旱魃《かんばつ》、洪水、地震、津波といった、一瞬にして生活の根底を破壊し、生活環境を変化させる天災地変、疫病、戦争、火災、害虫発生といったものの突発、来襲による生活秩序の激変があり、これらに対してもそれぞれに対抗儀礼が生れてきている。この儀礼群は多くは臨時祭の形で行われるが、災害発生が季節的に繰り返されるもの、たとえば疫病や旱魃、害虫といったものに対する儀礼は、一部は恒例化せられ、季節祭として繰り込まれている。

第三種のものは外界の変化に対して内部的、人間関係的変化に伴う不安から導かれる儀礼群である。自己自身の肉体的精神的変化、自己をとりまく人間関係の変化は、たしかに人々を不安ならしめるものである。ゆりかごから墓場までの人生行路は、何びともまぬかれることのできない変化過程であり、誕生、幼年、思春期、結婚、妊娠、出産、病気、老衰、死は、自己自身の変化であるとともに、その集団成員相互の関係をいちじるしく変化させる。このためにそれぞれの年齢や肉体変化や社会機構と個人のかかわり合いにおける儀礼群、すなわち通過儀礼と呼ばれるものが発達してくる。死者儀礼が人類の最原初的な宗教行為の一つとして、最古代民族のあいだにもその痕跡《こんせき》を残しているといわれ、また今日も多くの宗教の社会機能の重要な部分をなしているし、呪術のそれが主として病気治癒に向けられているのも、このような人間自身、人間関係の持つ変化、その生活および集団の平衡関係ないし秩序の破綻《はたん》による不安の深刻さを物語っていると思われる。

この儀礼や行事は、ある部分は呪術的であり、ある部分は宗教的であるが、それが全般的な不安の解消とともに、より強固な生活樹立への信念を求め、積極的と消極的の、すなわち興振と防衛の呪術や儀礼を通して、永続性と自由を確保しようとする希望をレアライズしようとする意図を有している。そしてこのような呪術および宗教の社会機能の発達には、例外なく司祭者、呪者の指導的な役割が見られる。ことに農耕生活においてそれは極度の発達をとげ、彼らによる宗教や呪術の組織は、家族や部族もしくは国家といった古代社会の全行動を貫いており、これを統制している。宗教的指導者は単に病気の治療や危機解消の呪術的行為や予言、託宣といったものだけにあるのではなく、民間伝承の維持、神話伝説、民族的説話の創造、記憶、保存、伝播《でんぱ》のうえに大きな働きを示すとともに、民衆を律する一定の行動と思考の組織を作り出し、人生観や世界観、他界観や霊魂観の型を、タブーの概念を、そして霊魂や神々との交流の儀礼や舞踊や演技を発展させる。また哲学や科学、倫理や心理にかかわる抽象的な思索が彼らを通して次第に深められ、彼らと接触する人々の精神に注入されるようになる。

こうして呪術的と宗教的なものとは、古代人にあってはその生産様式、生活様式とともに、このような呪術宗教的リーダー・シップの性格にも左右されて、そこに独自の、しかし分化されることのない渾然《こんぜん》たる形で、日常生活を通して活動してきているといえるのである。

以上、一般に主として古代農耕社会における基本的な生活と生命との不安と危機感に伴って、呪術および宗教の発現、発達の過程を述べてきた。この過程は、もちろん多くの農耕民族にとって共通したものであり、したがって呪術および宗教の共通的要素をもたぶんに有している。わが国の古代の多数農民といえども、この過程をたどってその自然宗教を成立、成長させてきた点は同様であったろう。

しかし「宗教的スリル」と呼ばれる呪術宗教的経験の場は、ひとしく超自然力に対してある種の態度と情緒とをもってかかわりあうことであっても、その交流の仕方は、その民族のもつ生活上、文化上の環境や体質や時代差遺産によって大きな変化をきたしていることは当然であり、それが民族的信仰としてあらわれる情緒的反応も決して単一のものではなく、きわめて複雑な様相を有している。そしてここに、その民族なり人種なりを性格づけるもっとも大きな特徴が生み出されてくるのである。そこで以下、日本人のもつ宗教的態度の特色を具体的に考えて、その精神的な性格を見いだしていきたいと思うのである。

防衛・強化の希望(一)――内部的公共の信仰

今日の日本人の中核は、農村的人格型と考えられている。そこで日本人を考えていく場合に、農村社会における宗教や呪術のあり方、それに対する人々の態度をながめてみることは、それが人格と文化の基盤的要素であるだけに、きわめて重要な視野となるであろう。

多数常民の信仰内容には、だれも気づくように、公共的な性格のものと、私的なものとが同時に併有せられている。この信仰の二面性の存在は、一個人としては、別に異質の、二重信仰を有しているとは意識していないであろうが、しかしその差異は顕著なものであって、われわれは日本人の信仰生活を考えていく場合、一応この区別を立てておく必要があるように思われる。この二面性の特徴としては、第一の公共的信仰は村、あるいは集団、家族というような単位によって保持せられてきたものであり、ここには個人の信仰選択の自由は許されていない。これに対して第二の私的信仰にあっては、逆にきわめて自由な選択が許されている。

具体的にいえば公共的信仰は氏神、産土神の信仰、家に伝わる宗旨、寺檀関係《じだんかんけい》がこれである。すなわち氏神信仰はその神社の属する村全体、氏子全体の信仰であり、家の宗旨は信仰圏はいちじるしく狭く、その成立も近世に属し、改廃も今日は自由になってきたが、なお多くはその家族、一族の共同の祖先祭祀《そせんさいし》の一形式であって、個人の自由意志ではそう容易に改変しにくい性格のものになっている。もとよりその神を鎮祭し、勧請《かんじょう》した際、また寺檀関係の成立するためには、いつの時代かに選択され、群れの承認をかち得たものではあるが、しかもひとたびこれが固定した以後は、人々は生れながらにしてその信仰の圏内に生き、その祭典に参加すべき義務と権利とを負うべきものである。

この形態は今日のわが国においてなお全国の村々に共通する性格と機能とを有している。いうまでもなく氏神は本来氏族共同の祖先の神化、または祖先奉斎《ほうさい》の職能神を祭るいわゆる祖先祭祀から発生し発達したものであろうと想像せられ、その発祥はすでに人知の限界を越え、太古の靄《もや》に没するほどの長い歴史と伝統の糸をたどらねばならぬのであるが、世を経るにつれてあるいは産土神、鎮守神と呼ばれるようになってもなお一貫して一つの組織と方式によって維持せられた信仰であった。すなわちその社に専属する氏人、氏子たちの集団、その社限りの特定の祭儀と伝承がこれであり、それは村代々、家代々の連綿たる継承によって特に厳重な資格や秩序が保たれてきたのである。そこにははなはだしい封鎖性、孤立性が見られ、またそれを保守しようとする種々の努力や制約が見られる。そしてこのような信仰は決して自己の理性や回心によって、すなわち宗教的手続きを経て保持せられているのではなく村なり家なりの歴史と伝統、村や家の共同体的生活によって基礎づけられているものであって、いわゆる氏神信仰の有する社会的な意義と機能とが考えられなければならないのである。したがってそこに表白せられる信仰はすべて公共の群の利益と幸福のためのもの、共同の願望、防衛、救済のためのものでなければならなかった。個人の苦悩を解決し、もしくは福分を祈るべき筋合いのものでは本来なかったのである。

今日の農村社会のこのような公共的信仰の実態をながめてみると、その信仰の型は、その人間の社会的なかかわりあいの条件に伴って、波紋状に幾重にも層をなして信仰が拡大受容されていることが知られるのである。たとえば本家分家、あるいは譜代《ふだい》、名子《なご》、奉公人分家などを含めた同族集団、その形がくずれたか発達のおくれた地域集団、すなわちマキや組内やカイト（垣内）などの集団社会には、その集団の精神的シンボルとして必ず同族だけ、もしくは最小地域の神の祠《ほこら》をもち、その共同の祭を行っているし、同じく墓地の共有が見られる。こうした習俗をもたない所でも、旧家を中心にして家々に屋敷神や地神の祠をもつものが多い。

そして墓地はもちろん直接の表象であるが、祠もたいていは祖先その人の霊をまつると意識されるもの、そうでなく別に神霊を勧請したものでも、祖先となんらかの関連において伝承される信仰を有している。祭の名も直截《ちょくせつ》に先祖講、系図祭などと表示するものさえもある。

こうした社会結合の崩壊した所でも、一般に家庭内の精神的シンボルは神棚《かみだな》と仏壇である。仏壇は堅い真宗門徒を除けば、おおむね本尊と位牌《いはい》が同居しているか、はなはだしいのは単なる位牌棚である場合も少なくない。これは家族が土地の産土神と祖先および系譜的な死者霊の信仰を中核として結合していることを物語っている。この事実は正月と盆を中心とする年中行事や春秋の氏神祭や死者儀礼を通して、よく示される所である。

家族はより大きな家集団を作り、さらに大きな家連合の社会をつくっていくが、その際同じようなシンボルを共有することにより連合意識を強化していく。集団のもつ政治経済文化ないしは歴史上の諸種の条件によって、いっそう拡大した共同社会相互の連合に入る場合にも、同様のシンボルと儀礼形態が踏襲されている。もちろん信仰圏が拡大しても、最小単位から逐次的信仰の諸形態は、それぞれ封鎖的性格を持続しつつ残存していき、その拡大につれて信仰対象に関する親近観念は薄くなっていく。したがって祭に関する関与の度や分担機能も拡大した共同体単位を中心としていくことになるのである。すなわち個人を単位とする家の信仰、家を単位とする家連合の信仰、家連合を一つの単位とする村落の信仰、村落を単位とする村氏神、村落を単位とする郷社といった、いくつかの信仰圏が描かれていく。こうした重層的信仰は、その間に濃淡親疎の意識や感情上の差はあり、信仰対象も系譜的な性格から、より広い包括的な性格のものになり、その個性や名称も区々《まちまち》であるが、しかしその様式から見ても、成長過程から考えても、同質的な信仰の、あるいは拡充であり、あるいは包摂である点は共通したものといえるのである。

防衛・強化の希望（二）――外部的受容の信仰

このような公共的信仰を次第に積み重ねていっても、人々はこれだけによって不安を解消し、外敵を防衛し、自己を強化して安定感を獲得するにはいたらない。個人の自覚と個人生活の独立意識、さらに生活をより豊かに向上発展させる積極的願望は、必然的に個人祈願への道を求めさせるようになる。しかも固有信仰には元来この方面の欲求を満たすべき機能を有してはいなかったと見られるから、別に新たに一つの信仰を分化させ、あるいは他から受容してこなければならなかったのである。陰陽道《おんみようどう》や仏教の伝播《でんぱ》渡来《とらい》が比較的円滑に行われたのは、種々の原因が考えられるが、その一つとしては、氏族制社会の崩壊期に際して機能分化をとげた仏教呪術が、当時の貴族や知識人の呪術宗教的欲求に適合した点も認めなければならないと思う。

今日でも農家、漁家、地方の商家などには、門口や大黒柱、神棚《かみだな》の周囲などには、種々雑多の神札や祈禱札、巻数《かんず》の類がはりつけてある。神棚のほかに大黒棚、恵比須棚《えびすだな》があり、台所には荒神棚《こうじんだな》もある。そしてかまどにも井戸にも便所にも、納屋《なや》、馬屋にもそれぞれそこに特殊な守護神が存在すると信じ、あるいは神仏の守札をはって保護にあずかろうとしている心持はよくあらわれている。そしてこうした祈願、守護の対象を選択していく態度というものは、いうなれば自由奔放、かつすこぶる彷徨的《ほうこうてき》である。

もっとも素朴な、原初的な信仰の姿は、おそらく今日まで辺地に保存されてきた家連合

素朴な信仰　（東北地方）

の系譜的祖霊、または祖先に関連して伝承されてきた信仰であろう。この場合にはその基礎社会は、共通の一社会一神のオールマイティの信仰に統一され、系譜的死者霊がこれに合力して、精神的安定が維持されてきたと想像される。だから氏人は、家連合における氏の神としての認識はあっても、神と人との特別の契約、神とわれとの特殊の親縁関係を個別化し、機能分化せしめる必要はない。しかしこうした素朴な、原始一神教的な信仰形態は、わが国ではすでに早い時代に内と外との欲求や圧力によってくずれてしまっている。それは内においては自己の限界性の認識が、神の限界性の認識へと投射されてくるとともに、家連合の社会が政治経済文化の変化に伴って、外方意識を拡大していき、宗教的ホスピタリティを強く持つようになっていくからである。そこで自己の集団すなわちイングループを強化し防衛するために、信仰は拡大しつつ孤立化するという矛盾した方向をたどっている。

たとえば仏教によって輸入されたらしい講は、元来なんら氏姓的血縁的、ないしは地域的な限界性をもつものではない。そしてこれが民間に受容された場合にも、はじめはおそらくは同信者の集団という意味に用いられたに相違ないのである。しかし実際には多くの場合、講の単位をなすものは村落的同族的な集団であり、同一信仰でありながら部落を越えた横の連合はほとんど見られない。これは浄土真宗の部落における報恩講の組織においてさえ、宿とか頭《とう》ができて、村落ごとに孤立した集団を作っていることは、何よりもその孤立性と集団の強い制約と凝集傾向を物語るものといえるであろう。

しかも他方において、外方勢力や文化の圧力を感受するにつれて、より力づよいもの、よりすぐれた文化力、呪術力を、自己集団のうちに迎え入れようとする心理作用が働いてきている。これらも信仰を外方へ拡大させ分散させるというよりは、自己の防衛と生活力の強化のために、外から受けいれようとする信仰であって、形は矛盾であるように見えるが事実は矛盾するものではないのである。

この心理から展開した日本人の信仰表白の態度は、古い説話文学や日記類のなかにもよくあらわれている。これらのなかには、事にふれて、清水《きよみず》、長谷《はせ》、石山の観音、鞍馬《くらま》の毘《び》沙門《しゃもん》、愛宕《あたご》の地蔵、法輪の虚空蔵《こくぞう》、あるいは日吉、十禅師、稲荷《いなり》、八幡、賀茂、祇園《ぎおん》、住吉、北野といった霊仏霊社に祈誓する風習があり、しかもその礼拝対象に関する知識や、その功徳《くどく》機能を識別した選択手続きをふんでいないものが多い。それも単なる市民や農民だけに特有なルーズさではなく、一宗一寺の専門的な聖職者その人でさえ、たとえば『法華験記』や『今昔物語』に見える法隆寺の僧明蓮《みょうれん》のように、一つの心中の願い事のために稲荷、長谷、金峰山《きんぷせん》、熊野、住吉、伯耆大山《ほうきだいせん》と遍歴参籠《へんれきさんろう》し、それに対してそれぞれの神仏がそれぞれに配慮を惜しまれなかったとする類の物語は多い。

中世に流行した起請文《きしょうもん》の形式を見ても、上は梵天帝釈《ぼんてんたいしゃく》四大天王、下は堅牢地神《けんろうじしん》に及んで天神地祇《てんじんちぎ》、仏菩薩《ぶつぼさつ》、天部神、自己の氏神などの名をつらねて、そのもとに自己の所信を披《ひ》瀝《れき》し、誓約を確認強化しようとする意図がうかがわれる。同じ中世的な遍歴信仰の中心をなした三十三所の観音札所巡礼も、観世音という範疇《はんちゅう》のもとに、法華経普門品《ほけきょうふもんぽん》の三十三化身の教理から着想せられたものといわれている。しかしそのいちいちのものについていえば、同じ札所といっても、まつる所のもの必ずしも同一ではない。発生も機能も違い、儀《ぎ》軌《き》経典を異にする聖《しょう》、十一面、千手《せんじゅ》、准胝《じゅんでい》、如意輪《にょいりん》、馬頭《ばとう》などの諸尊を持ち、かつ法相《ほっそう》、天台、真言などの宗派を異にする寺院堂宇を配列して、ただ「南無大慈大悲観世音菩薩」の共通する呪言のまにまに止揚して、人それぞれの異なる願望と希求をささげてきたのである。

今日も多くの流行仏の堂前に参詣している人々のなかには、それが何宗に属するか、その仏像の教理的、機能的な知識をもって信仰礼拝していない者も多く、往々は柏手を打って仏を呼び出し、神社で念仏や心経を唱えて神に祈願する者さえ見受けられる。その同じ人々が氏神産土の祭にみこしをかつぎ、宗教的興奮を感じ、その神の恩寵《おんちょう》を新たに身に感じつつ、さらにいくつもの仏を追い神にすがろうとしている。

数に物をいわす信仰は、また中古以来わが国では盛んなものがある。死者の忌祭はインドでは一七日から七七日まで、周礼《しゅらい》も三年を越えないのに、わが国ではさらに七年、十三年、十七年、二十三年、二十七年、三十三年と累増し、今日では五十年、百年、二百年という遠忌《おんき》が菩提寺《ぼだいじ》から通報され、未知の先祖祭が供養法要の形でいとなまれている。「乃至十念」といわれた念仏もやがて六時念仏、不断念仏となり、ついに百万遍念仏をも発達させた。吉野や那智《なち》では千日の荒行が尊重せられ、法華千部会がもてはやされ、諸所の神社仏閣には百度石が建てられ、一つの祈願に村人が群行参詣し、集団参籠《しゅうだんさんろう》する方が個人個人の分散した一回だけの信仰表白よりも効験多しと信じられている。四国八十八カ所、近《きん》畿、坂東、秩父、その他の大小の三十三所の巡礼や千社詣、千社札の流行から、戦争中の一つの風俗となった千人針にいたるまで一つの特色ある性格を見せている。そして八百万《やおよろず》神《かみ》とは、もと祖神をまつる氏族の数多きによって称せられた語であろうと思われるが、いつしか信じるべき礼拝対象の数多きを示す観念を帯びてきている。

同様の意図はわが国の神社の顕著な特徴をなす祭神の合祀《ごうし》や勧請の形式のなかにも見られる。合祀は政策として強制された要素ももちろん多いが、素性、系譜、成立、経過を異にする神々があるいは主となり客となり、相殿となって同床共殿をあやしまないことは、小さな村の神社の境内に、きわめて有力な社の神々をいくつも勧請して、これを摂社、末社などとしてまつっている例や、他方で個々の家の屋敷神や同族の祠《ほこら》に熊野、稲荷、八坂、津島、八幡、伊勢、白山、諏訪《すわ》、金毘羅《こんぴら》、三峰、羽黒、湯殿、北野などの神々をいわいこめて、それぞれ家族や本分家の人々が寄り合い、ささやかな祭と共同飲食を行っている事実とを考え合わせて見ると、そこには共通した外力依存、数量的集合的なるものの尊重の傾向を看取しうるのである。寺院にあっても、その土地神を地主神として境内に勧請し、あるいは伽藍守護神《がらんしゅごじん》として神祠を設ける例は多く、京都太秦《うずまさ》の広隆寺のように寺内に三十八社の著名な神々を鎮守神として勧請する例さえあって、僧侶《そうりょ》もまたこのような日本人共通の信仰心理をもっていたと考えられるのである。

自己および自己集団を防衛するために、消極的には禁忌、謹慎、積極的には対抗、鎮送、饗応、幣賂《へいろ》などの目的をもつ種々の呪術を自ら案出もし、ほかから転用受容もして行事化し、祭式化してきた。そしてさらにこれを強化する希望を数量的遍歴的ないし自由選択的な信仰態度として表白してきた。しかしながら、ここに見られるところは、個人の、あるいは村人の自由選択とはいいながらも、多くは自主的なものではなく、他人によって運ばれた信仰、示唆されたところをすなおに受容する傾向が強い。この点は自由というよりはむしろ盲従的であり、偶然的であった。この宗教的ホスピタリティは、たぶんは日本人の古い信仰形態、すなわち自ら進み求めて神を祭り祈るというよりは、神霊や祖霊の冥顕《めいけん》二界の来往、降臨を信じ、常世《とこよ》のマレビト神の威力に服し、疫神や御霊、怨霊《おんりよう》の来襲を幻想した一方、自らは祭場に忌みこもり、家内に謹慎して神霊の来臨に服従し、請待するの態度をとってきたところから導きもたらされたものであろうと推定せられるのである。

マツリという日本語を、本居宣長は「マツロフ」からきたとし、谷川士清《たにかわことすが》は日待、月待などの「マチ」からきたのだと解釈しているのは、この点ですぐれた見解であるといえよう。そしてこうした信仰態度の基盤は、日本人の祖霊信仰と他界観念に存するものらしく思われる。

時所占有を前提とする農耕生活が、経済的に局地的小集団社会を形成するとともに、その限界性の認識のもとに単なるイン・グループ的シンボルとしての信仰に限界性と不安を感じ、これを強化するとともに、外方からの侵入者や不可視的災害将来者に対する防衛の呪術宗教的態勢を整えていくのであるが、この生活に対する防衛強化の呪術宗教的欲求とともに、限界性の認識に立つところの永続性の希望が強く起ってきたことが想像される。防衛強化というものも、それは単に現在的、刹那的《せつなてき》な不安解消の消極的目的によってのみ、今日見るような複雑多岐な様相を伝承せしめてきたのではない。そこには必ず積極的な永続性の希求がひめられているのである。

この希望は、第一には人間生命の永続性であり、第二には家の永続性である。日本の民衆の信仰には祖先崇拝の要素が強く見られるといわれるのも、また報恩感謝の念がいちじるしい特色をなすといわれるのも、その帰着するところはこの希求によってもたらされた宗教経験から生れたのである。そして国家形成の理念や民族統一の意識の背後に、常に祖先と家が重要な要素として考えられており、それがやがて愛国心の源泉をもなしていると見られるのである。

生命の永続性はもとより動物一般が本能的にもつ希望であり、不老長寿は古来洋の東西を問わず権勢者の常に希求してやまぬところのものである。しかしながら個人の生涯はついに有限をまぬかれることができず、人間は死すべきものであることはすでに太古において認識せられていた。世界の哲学、宗教の起原は、多かれ少なかれ生者必滅の現実認識に立脚している。人間が存在するというのは実に「死ぬ」ことにほかならないのである。永生の希求と必死の現実の矛盾は、不安と苦の永遠の課題である。そして古代人は夢やハルシネーションの現象を媒介として霊魂や副人格、影といった観念を育て、これによってこの不安と苦を救おうとしてきている。死者崇拝が世界の最古代の宗教現象のなかにあらわれていることは、単に生と死の画別に不可思議な神秘を感じ、親しく生活をともにした者が動かなくなり、その肉体が壊損していくことに哀惜と恐怖を感ずる心情からのみ導かれたとは考えられない。死の恐怖は肉体を汚れあるものと感ぜしめると同時に、人間を死から区別しているところの「生気」、すなわち肉体を生きさせ、働かせ、考え、物いわせている「あるもの」が、肉体を去ってどこかへ移っていくとする思惟《しい》を生んできた。そしてこの「あるもの」の永遠不滅、再生転生を信じることによって、肉体の死の恐怖と苦痛を解決しようとしてきている。

肉体と霊魂を密接なものと考える民群のあいだには、たとえばエジプトの古代人のように、飛び去った霊魂の再生のためにミイラを作って、くずれゆく肉体を永遠に保存しようとさえしている。この点に関しては、日本人はきわめて独自の、まさに古代エジプト人たちとは対蹠的《たいせきてき》な見解をその葬送墓制にあらわしている。すなわち日本人は古くから肉体と霊魂とを不離なものとは考えていなかった。霊魂は肉体を離れやすく、肉体の有限にしてくずれやすいのに対して、霊魂ははなはだ自在な、強固なものと信じていたらしい。だか

地蔵信仰

ら霊魂は生きているあいだも特定の人々のものは時として肉体を離れて思うがままに出現し、意志を伝え、復讐《ふくしゅう》することができるものと信じられている。それゆえに死後にも霊魂が地下の窮屈な世界にはいっていくとするような、煉獄や地獄の思想は元来もってはいなかったようである。

世間や人身のうつろいやすく、はかなきものとする認識は『古事記』にも見え、『万葉集』にも多数のすぐれた作品を残しているが、それは単に仏教思想の導入による新しい着想とのみ見ることはできぬのみならず、前方後円や円墳を築いた古代支配者階級においても、肉体尊重の確かな手段は考古学上からも講ぜられたとは考えられない。まして一般庶民にあっては「捨て墓」の名が今も時に用いられるように、遺体が丁重に保存された形跡は全くない。そしてあたかもそれに反比例するように、死霊に対する手厚い供養、尊崇、恐怖の感をいだいている。

日本人に特有なものに、前章にも説かれているように両墓制というのがある。これは死体を埋葬する墓と、死霊を供養するものと二つの墓をもつ慣習であって、近畿地方を中心に東西に広く分布している。第一次の埋葬墓はウメバカ、三昧《さんまい》、イケ墓、ムショ、身墓などとよび、第二次の供養墓をマイリ墓、卵塔、カラムショ、清墓、引墓などといって区別している。そして死体埋葬地は多くは村からは小高い丘の上や林、あるいは村境や谷を隔てた特定の場所に設けられるのが多く、このほうは原則として埋葬ののち土まんじゅうを築いたり、小さな石をおいたり、簡単な喪屋を作るだけで、そののちは恐れて近づかず、放置してくずれるにまかせているのに対して、第二次のマイリ墓、清墓はその名のように空墓であって、多くは寺内または自宅付近にしつらえ、これを死者霊魂の直接の祭場として盆正月、彼岸、年忌などの墓参や供養を行っている。

この世界の諸民族にも類例のない墓制慣行は、日本人が古来死者そのものと死霊とのあいだに、明確な観念上の差別と、清穢《せいわい》二種の感覚上の区別をもっていたことを、明白に物語っているように思う。仏教式火葬の風習が奈良朝に輸入され、やがて民間にも受容せられて、多くの地方に火葬慣行が浸潤したのも、肉体を軽しとし、霊魂のみを重しとする観念に基くものといえよう。しかも日本人は死霊を崇拝し、その自由な活動、来往を信じ、時としては報復的な跳梁《ちょうりょう》にさえ苦しんでいる。平安時代の精神界を特色づけている生霊、死霊、怨霊、御霊の活動は、一つの時代の病とさえいわれるほどのものであり、北野天神をはじめ多くの神々をも出現させている。

永続性への希望（二）――祖先崇拝と農耕儀礼

死体は地に捨て、土に埋めても、霊魂は必ずしも地下世界に下降するものとは考えられていなかったらしいのは、亡霊は家のむねを離れぬといい、死を雲がくれ、山がくれ、天《あま》隠《かく》るなどの表現が、『万葉集』以来多く用いられ、死出の山の語は平安時代以後頻繁《ひんぱん》に文学のなかにあらわれ、それを裏づけするように他界や冥界《めいかい》の図様も山中の景観をふまえて描かれている。他方白鳥白鵠白鳩《はくこうしろばと》などの霊鳥や、山から里へ出没する特定の動物が霊獣として、神や霊の「みさき」「よりまし」と考えられてきたこと、民間の年中行事に、盆、正月の精霊や年の神（年の神の原型は祖霊もしくは祖神であろうと思われる）が、山を越え、空を飛び、盆トンボに乗ってその生家へ帰り、家々の年棚、盆棚にやってくると信じられている民間伝承からも、日本人は仏教の西方浄土や西方極楽世界の教義をうけ入れ、厭離《おんり》穢土《えど》、欣求浄土《ごんぐじょうど》の思想に身をまかせながら、しかも他界を身近な山中に求め、もしくは海上の常世の国に想定して、そこに永住せず、常に現世の子孫との交流を断たなかった。この根強い信仰は、逆に仏教をさえこれに習合し妥協させずにはおかなかったのである。だから僧侶《そうりょ》は死者の極楽往生、疾〔必〕得菩提を祈念しつつ、盆のたびごとに檀家《だんか》を棚経《たなぎょう》にまわって、来訪霊に功徳をささげねばならなかったのである。

こうした神霊―祖霊と子孫との絶えざる精神的な紐帯《ちゆうたい》は、年中行事や年忌法要にささえられて日本人の永続性の希望に一つの解決を与えてきたと見られる。三十三年の「とむらいあげ」の風習は、今日も全国的に見られるところであるが、この一世代を限る死者霊魂の処理は、正常な死者の個性喪失の時期としても合理的であり、しかもそれが子孫との断絶を意味するのではなく、さらに祖霊という共通観念のなかに帰入し、漠然《ばくぜん》たる祖霊群を形成することによって、常に子孫との関係を保持すると信じられている。盆正月の行事をことに老人が堅く行い、いたれり尽せりの供養やサービスをするのは、今日も農村の一般風習であるが、そこにも死後自分もまたこのように祖霊群の一つとしてこの家を訪れ、自分のしたように子孫によって祭られるであろうとの希望と安心立命とが、その行為からうかがい取られる。

子孫をもたぬ死者の霊がしばしばたたりをあらわして害虫や疫病の種となるという信仰も、無縁仏の供養を説くのも、それがシナ思想の影響という以上に、永続性の断絶に対する人々の不安を投射したものといえるであろう。祖先崇拝ということは、ただ我をして今日あらしめ、生活の基盤を樹立してくれたという、系譜的親愛感や生活的創建者に対する尊敬の念だけから生れたものとは考えられないのである。そしてそのような願望は血肉的な子孫による継承とともに、家に対する永続性の願望をも同時に寄せている。いろりの火とその継承を特に尊重する風習は、仏教でも法灯、伝灯といい、皇室や出雲国造家でヒツギが重要視せられるところからもうかがわれるが、民間でも家庭の中心が炉であり、その火が神聖視されているのは、むしろ宗教的なものとさえ考えられる。この思考はさらに人間の生命のかてである穀物の、種子—播種《はしゅ》—発芽—成育—成熟—結実—枯死—種子の循環過程の認識と、ここに得られる穀物霊魂の死と復活、再生の実証的知識によって、いっそう確実化されたもののようである。なんとなれば穀物はそれを食べて生活力を持続する人間の生命の重要な部分であり、したがって、穀物の生命力と人間の生活力とは不離一体の関係にあるからである。それゆえ穀物の収穫に関する種々の呪術や儀礼は、それが同時に人間の生命にかかわる呪術や儀礼とオーバーラップしている。ことに収穫から播種にいたる期間のそれは、同時に人間霊魂の更新、すなわちタマフリと、邪霊によって穀霊と人間霊がともにそこなわれないための厳重な謹慎と、対抗防衛の呪術と、生殖を模擬する繁《はん》殖豊饒《しょくほうじょう》を予祝する呪術とが、幾通りにも行われている。

米をもっとも神聖な穀物とするわが国では、収穫から播種に至る冬の祭が、ことにこうした意味で重要であり、そのなかには穀物の永続をねがうとともに、人間生命の永続を求める心が見いだされる。そしてこの時、新たに穀物に発芽生育の生命力を与え、人間生命を更新させるために、他界の神霊—祖霊がやってくる。新嘗《にいなめ》の夜から小正月にかけて、神あるいは霊が、他界から祭の庭や忌みこもる子孫のところに訪れるとする信仰や、それから派生し、変形残存したかと思われるわざおぎや行事が、民間にも多く見られるのは、きわめて重要な特徴である。

J・G・フレイザーはその主著『金枝篇《ゴールデン・バウ》』のなかで、「生きることと生かしめること、すなわち食べることと子を生むこと、これは過去における人間の第一義的要求であったが、世界の続く限りは未来においても同様であろう。その他のことどもは、人間生活を豊かにし、美化するために加えられてもよいが、まずこれらの要求が満足されないなら、人間そのものが存在することをやめなければならぬ。それゆえこれら二つのもの、すなわち食物と子供とは、人間が季節の調整のための呪術儀礼の執行によって、まず主として求めたところのものなのだ」と述べているが、わが国ではこの季節祭が先祖祭と合流し、穀霊がやがて人間霊と合体し、人間霊魂と穀物霊魂の生活力が他界の神霊—祖霊の来訪によって賦与されるとする一種の民間神学を生むにいたったらしい。日本人の特に強い群落的性格と、久しきにわたった根深い定住農耕性とが、個々の人間の生命と肉体を軽いものとし、永遠の群れの生命とそれを象徴する祖霊を、ひどく重要なものと信ぜしめるにいたったのであろう。

日本人の信仰態度の特色と日本文化

このような信仰態度、すなわち生命の根源が、他界の神霊―祖霊にあり、そこから季節的あるいは臨時の来訪によって、人々の生活が維持され、永続されるとする信仰、また先に述べた防衛強化のために多くの信仰を受容しようとする受身の、受動的な態度は、これを逆にいえば日本人の心理のなかに他人の布教や、権威あるいは権力を背景とする示唆に対してはなはだ誘惑されやすく、盲従しやすい性格をつちかってきたことは、否定しがたい事実である。わが国の歴史を通して、しばしば流行神や流行仏が突如として出現して都鄙《とひ》を席巻し、あるいは神子や行者が一時に信徒を集め、新興教団が急激に興り、しかも久しからずして信仰が冷却し忘却せられていく原因をもなしているように思われる。だから村と家の共同の精神的シンボルが破壊されない限り、信仰は併存さるべきものであり、ことに多種多様なるとともに多量なるに魅力と威力を感じたらしく思われる。旅わたらいや、さすらいの信仰伝達者や呪術者が迫害を受けず、むしろ村人に歓待せられてその信仰を次第に豊富なものとし、一宗一派のすでに開拓した地盤の上を幾度か重層的に他宗他派の信仰が伝達せられ、かつ流血の惨事を見ることなく部分的に成功していったのも、またこれに基くものといえよう。その痕跡は今日もなお歴然として村人の信仰や遺物や伝承や記念物のなかに残されている。神社における他氏他姓の氏神を奉斎して、それによって自らの神と自己集団を強化しようというのも、夭亡《ようぼう》、戦没者、罪なき刑死者、災害の犠牲者その他の怨魂幽鬼、すなわち御霊信仰に基く種々の祭や習俗、農耕漁猟に伴う予祝行事や豊《ほう》饒呪術《じょうじゅじゅつ》や対抗呪術、収穫祭のあり方、地鎮防衛の手段方法、伝説、口碑、むかし話などの口誦文芸《こうしょうぶんげい》および信仰、禁厭《きんえん》、卜占《ぼくせん》、俗信の種々相、塚《つか》や碑、石の遺物、そのほか雑多な村限り、一族限りに信奉され伝承されている個々独立の信仰現象が、採集と比較によって一つの縞模様《しまもよう》となって全国あるいは地方をいろどり、往々遠隔の地に偶然でない特徴の一致点が指摘されているのも、またこの日本人の信仰態度と受容形態の歴史を物語るものである。

インドに起ったという本地垂迹《ほんじすいじゃく》の思想は、仏教とともにわが国にもたらされた。この巧妙な組織力は、一面には教相判釈《きょうそうはんじゃく》の教学上の組織を形成するとともに、日本人の信仰様相をある程度教理化し統一する方向をとってきている。ことにタントラの流れを汲む密教の儀軌《ぎき》法要《ほうよう》と、その有する多方面の機能とは、国民の信仰表白の形態としてことに歓迎された部分も少なくはない。さらに仏教の伝播《でんぱ》受容《じゅよう》の過程において、寺院が神に奉仕する目的をもって神社境内や隣接地に営まれ、神社が地主鎮守神として寺院内に鎮祭せられ、神分度者を設け、社僧別当の神祭奉仕の例が一般化し、ついに山伏修験《やまぶししゅげん》のような習合的宗教の発生を可能ならしめ、民間信仰のにない手として、神子や陰陽師や下級神人とともに村人の信仰に干与《かんよ》していったのである。

しかし日本人は、あらゆる神仏の信仰、解説に頭を傾けはしたが、ついにその一つをとって他をしりぞけるの態度はとり得なかった。そして信仰の伝道はいずれも部分的に成功して、しかも一色に固定せしめることはできなかったのである。この特異な信仰態度にあらわれた性格は、国民性の基本的露呈であり、したがって日本文化の形成史における基本的な受容的性格を特色づける素地ともなったであろう。そこに日本人と日本文化の大きな長所的特徴も存したとともに、他面模倣性の強い他動的な性格を形づくる欠陥をも内蔵するに至ったと見るべきではなかろうか。

「日本人」座談会

〔出席者〕柳田國男　大藤時彦　和歌森太郎　堀一郎
萩原龍夫　直江広治　最上孝敬　（発言順）

失ったものへの反省

柳田　日本人はいったい、どこからこの国土に渡ってきたかという問題は、わたしども子供の時から七十年間続けて研究している問題なんですけれども、むろん解決できるわけはなかったんです。

この日本人の起原の問題は他に譲るとして、この本では、その以後の事実——この島に渡ってきたという事実から出発しなければならぬ。それから何千年たつかしらんけれども、その間、こういう性質だけは、渡来当時のもとの特徴そのまま、現在にまで残っているというものもありましょうし、それ以外にもこの島に住んでどれくらい向上したか、これだけの面積の上に散らばったがために、どういう現象を呈しているか、どういう日本人というものができあがっているか、これはおそらくは文献資料と考古学資料だけでは説明することができないと思う。そこでこの本を作るということは、われわれの学問の方法を試みるのに非常にいい機会だったんじゃないかと思います。

僕はこの毎日ライブラリーの『日本人』という題で感心したんですが、われわれは今まで総論というものを書く場合に、いつでも民俗学という字を入れて総論を書こうとした。またそれを意識して、入門とか解題とかいろいろつけますけれども、考えてみると教科書でない限りは、この「日本人」というのは非常にいいと思う。一つの脱路、逃げ道ができたような気がします。今まではすぐに「民俗学とはなんぞや」というようなことばを入れなければならないというように思っていたけれども、こういう問題が与えられると、それをあなたのほうでやってみたらどうするか、あなたの方法でやったらどういう結論が得られるかという一つの試金石みたいな形になるのですから、僕はむしろこの問題にぶつかったことを幸福だと思っています。

僕らは日本人というテーマを与えられたとすると、この機会を利用して民俗学においてはどんなふうに考え、どんなふうな証明のしかたをするのが一番いいかということをいえるようにしたいと思います。たくさん日本人のことを書いた本はあるけれども、多くは資料は書物なんだから、書物以外の資料とごっちゃにして日本人というものを考えたら、どういう結論が出るか、どういうふうにいえるかということ、これは歴史にもなり、地理にもなるけれども、そういうことを試みるいい機会じゃないかと思うのです。

それから最初にいっていいかどうかわからんけれども、僕はいましきりにそれを考えている時だから、それを一言いわせてもらいたいのだが、日本の歴史を振り返ってみても、僕はいつもカラスとクジャクの寓話《ぐうわ》を思い出す。カラスがクジャクの羽を拾ってきて、くちばしにはさんで、自分の羽のようなふりをする。これが日本の国柄であるのか、日本人がこれを反省すれば、ひょっと気がつけば、これからそういうことがなくなるのかということを一番最初に考えてみる。これは単なるナショナリズムなどという問題なんかじゃない。歴代の歴史を読んでもよくわかることで、奈良朝下半期の歴史を見ても、あの時代は日本が新たに得たものの非常に多いことはたしかだ。帰化人も手伝ったんでしょうね。だが一方では、失ったものもたくさんある。それが非常に残念な気がします。この反省の必要がいまちょうどあるのじゃないかと思う。アメリカなんかのまねをしたって、向うも元来、ざっぱくなんだから、そんなに最上ということはないのだけれども、文化ということばを説く人はいつでも、いまよりもっと完成したものがあって、それを目標についていきさえすればいいという気持をもっている。ちょうど中国の影響をたくさん受けた中世時代に、いわゆる唐制模倣をやったのもこれと同様です。これがいい面もあったろうが、悪い点もこの結果として時に現われている。

ことにわれわれの一番早く直さねばならないと思うことは、この中世時代に、いわゆるインテリという学問のある階級と、学問のない階級とふたつに分けたことです。一般の人民が従順であったのがよくないけれども、そのために多くの人間はみな、口をあけて待っているような形になってしまった。とくにあの文語がめちゃめちゃにむつかしい。だからこの文語を使いこなすためには非常に年期を入れなければならないし、秀才でなくてはなりません。当時の学問は全部漢文で書いてあるのだし、中国の学者が漢学の知識で書いた文章なんていうのは、当時の人によくわからなかったのじゃないかと思う。研究して学んでいこうとするから、せいぜい追随するだけになってしまう。自分のオリジナリティーなんかというものを出す時はない。少なくともそういう恐れがあるということだけは、いま一番唱えなければならないのじゃないか。過去の歴史を振り返ってみると、一番文物燦然《さんぜん》としている時が一番多くまねをしている時で、固有のものを輝かしていない。

ここで固有のものとは、なんぞやという問題が出てきますね。それを今までほんとうに考えた人はない。歴史家なんかみな違ったことをいっていてくれるといいのだけれども、だれも、だいたい同じようなことをいうものだから、世論がきまってしまう。多数の学者のいうところだからといって、国民は従順に従ってしまう。それには学問というものが全く漢文で、漢語を通じて発達したということに問題がある。こんなにたくさん資料がある、記載資料があるといったところで、実はわずかの人のために書かれているのですから。こういう点に今まで、どうも気づかずにおったのが残念だと思う。日本の国土というものがどんな変化を日本人に与えたかということが、どんな素質を長く保存していたかということよりも、ことによったら大事なんじゃないかしらんと思う。日本人であるがために、何千年来むかしからもっていたものを保存しているということにびっくりする前に、特徴のある地域に住んでいたということが、せっかく作り上げたものをなくしているんじゃないかというような気がします。それではなはだおしつけがましいけれども、最初に、日本という国土が何を日本人に与えたかという問題をたれかにやってもらいたいと思うけれども……。

大藤　私は、この『日本人』という本の計画を初めに聞きました時に、結局これは私たちが引き受ける以上は、民俗学を通して見た日本人ということに中心がおかれてくるのじゃないか、また私たちがやる以上は世間の期待もそこにあるんじゃないかと考えておったのですが、ただいまの先生のお話しをうかがい、だいたい私の考えているのと同じように先生も考えておられることと承知したわけであります。いま先生はたとえば日本人がいつどこから来たかそして来てからこの方の生活というものが一応中心として考えられるというふうにおっしゃいましたけれども、この日本に渡ってから、つまり国土によって与えられた変化——得たもの、それから失ったものがどういうものであるか、そしてこの島に渡る前に日本人がもっておったものが、どの程度に現在まで残っているか、あるいはそれが、どれくらいまた早く失われてしまったかというようなことを考えてみなくてはならないと思うのであります。いままでも日本および日本人について書かれたものは相当たくさんありますが、そういったものを私たちの立場で見ると、いまもお話しのあったように、ただ文献に残ったものを資料として見ていますが、多くは中央の文化の影響のあるところの資料しかないということです。したがって一般庶民の生活に対する資料がなくて、むしろ文字のあったところの上流階級の生活が資料として残っている。そういったもので日本人を代表させてしまっている。また外来文化の影響を受けたところの生活で日本人を判断している、それでそういった点に対する反省、つまり従来の日本人論に欠けていたところをわれわれ民俗学の資料によって訂正し、補うということが必要じゃないかと考えられます。いま先生のおっしゃった「国土の与えられた特徴」というものを考える場合に、この特徴ある地域にもし他の民族がはいってきても、いまのような日本文化というものを作るようになったか、あるいは他の民族がはいってきたら他の文化を作るようになったのではないか。この島に来る前にもっていた日本人の性質が、こういう特徴ある地域にはいって、いまのようなものを作り上げたか、あるいはそうでなくてこの地域に非常に重要な要素があって、その土地にはいってきたからいまのような日本文化なり、日本人ができたかという点をまず考えてみなくてはならないのではないでしょうか。

日本人は本来何をもっていたか

和歌森　周辺の民族と比較して（やかましいことはもちろん期待しないわけだけれども）そういうものを見渡したうえで、日本人の文化とか、生活の仕方というものを位置づけていくことが必要じゃないか。

堀　いくつかの種類の人間の集団がこの国土へ来て、接触により生活の共同と共同の意識が生れて、次第に原日本人というものができあがってきたんじゃないですか。

和歌森　問題だね。

柳田　それはもとの人種次第じゃないかな。もとの人種が初め、あちこちに散らばって住んでいたものがあるものは滅び、あるものはだんだん数をまして三倍なり五倍になって、その土地から次へ出ていく。そして南島その他の島々を足がかりにして、次々にこの日本列島に上がってきたのだから、他の民族には見られないような現象があってもいいのじゃないか。だから前後の関係はあっても、だいたい同じ人種がずっとこの国の基層部を形成していると思われる。そしてその本方《もとかた》の人種は、あるいは滅んでしまったか、漢民族その他と同化してしまったか、滅びなくても血縁が久しくとだえて、全く別様の変化をきたしてしまったかもしれない。それを本方はどこかに現存せねばならぬとする今の考古比較論者などはインドじゃないか、朝鮮じゃないかといっている。こういう考え方は出発点で何かまちがっていはしないかと思われるのだ。もっとも他の関係、たとえば形質人類学などがもっと精密になればおいおいわかるかもしれないけれども。しかし日本人以外の他の民族がこの列島にきたとしても、日本人と同じコースをたどるかどうかは別問題ですね。

だから、この人種の中には、こういう癖がある、これはことによると固有のものかもしれないというような見方は許されるけれども、あるはずだといってさがさなければならないという義理はないと思う。もとの人種が渡来してから、二千年や、三千年じゃないらしいから。僕はこういうふうに考えているんだけれども、これも批判する価値があると思う。

堀 日本人の信仰現象には、たとえば北方のシャーマニズム的なものもあれば南方的なものもある。その雑多な日本人のもっている特徴を見ると、日本列島を中心にして日本人が形成されていく過程は非常に複雑なものをもっていたのじゃないかと想像されるけれども……。

柳田 シャーマニズムというようなものがはじめから定着のものか、もしくは十二、三世紀以後にはいったものか、いろいろなぐあいに考えられ、はっきりしていないから。つまりシベリアとか満州（現在、中国の東北地方）といった一地方のシャーマニズムを調べた学者はあるけれども、まだ世界じゅうのシャーマニズムを比較研究した学者は少ない。そして世界の学者のシャーマニズムに対する定義もよほど乱れていて統一がない。だから僕はシャーマニズムというものをもっとはっきり比較研究したうえ、その共通の特徴を明確にして、はじめて日本の古代の宗教がそのスタンダードに合するかどうかということを当ってみる必要があると思う。

堀 先ほど、先生は日本の歴史を見ると、失ったものが多いといわれたのですけれども、失ったものがあったとすれば、おそらく仏教がはいってきた時だったろうと思います。中国から帰化僧がやってきて、向うの文物を伝えた。この時代に相当失われたり、変形したと思われます。しかし、失ったそのものは、現在はもうなくなっているのですから、現在残っている民間伝承から何が失われたかを書き分けていくとすると、やはり、いくぶんか記録資料と申しますか、そういうものを利用しないと……。

柳田 記録を除外して結論を得ようとは思わない。しかし根拠のない資料は利用できないし、またその資料がたった一つの生きた歴史のいっさいであるというような行き方はとってはいけない。こうも変りうる、こうも変りうる、それらいくつかの可能性のうちの一つをとって他を失ったのであるとすれば、同じ資料に対しても、われわれが見る場合には、なぜA、B、CとあるうちAをとって、B、Cを捨てたかということを見なければならない。

堀 そこにはインテリだけかもしれないけれども、日本人の選択能力といいますか、いくつかある道のうち一つを選んだというところには日本人の自発的な主体性、あるいはナショナリティー、あるいはエトス（民族精神）かもしれませんけれども、そういうものを本質的にもっていたと考えることはできないんですか。

柳田　あるいはもっているかもしれないね。日本人が三千年、五千年前はいってきたとしても、その時すでにある癖《くせ》、たとえば事大主義というようなものをすでにもっていたかもしれない。まあよくわかるのはそんなものだ。事大主義などというものは本国からたずさえてきたかもしれないね。

和歌森　選択能力があるというよりも、自分自身に自信がないということが日本人の本質のような気がします。クジャクの羽というようなものを拾ってくるカラスの話にしてもそうだけれども、やはりこの『日本人』という本によって、一般大衆がほんとうの自信をもてるよう、反省のためのきっかけをもたせるようにするのがいいのじゃないかと思います。

柳田　かりに結論は暴論でも、そういう気持をもっていれば……（笑声）。

日本群島の自然環境

萩原　日本人の形成というものは、自然環境を除外しては考えられないと思うのですがね。

柳田　自然環境といっても、日本群島の自然環境というものは特殊だよ。世界のどこを捜したって、沖縄《おきなわ》だってそうだし、となり（中国）なんかでも全然ちがう。日本人の出くわした偶然というものは恐るべきものだ。よく英国と比べるけれども、英国は明らかに大陸とくっついている。日本は大陸と結びつけて考えようとしたって、朝鮮以外にないね。

萩原　どうでしょう、日本人はただ美しいものに飛びついたというのでしょうか。

和歌森　美しいものの中で選択したということは事実ですが、やはり日本人は自分のものへの信頼が薄いということだ。

萩原　共通の信仰的なものから来たんじゃないか。

柳田　それが知りたいところだ。同じ中国でも山間部で生れた人間と、海の近い山東省の端の人間とでは全然ちがうだろう。もちろん日本の場合、海というものが非常に圧迫しているわけですが、日本へ渡ってきたということ自体を考えれば回り合わせのチャンスであるかもしれないけれども、国土というものは非常に大きな影響を与えていると思う。たとえば、さばくの中で発生した民族と比べるとすぐわかる。大きな遠征はできないが、人口がふえれば自然に少しずつジリジリと広がっていく。しかし日本の場合、すぐ海ですから、ある程度まで人口がふえてもすぐには広がれない。がまんができないというところまできて初めて外へ出るか、岸にへばりついてもがまんしなければならない。

和歌森　歴史を読んでみると、現在、次第に古いもの、固有のものがなくなっていっているような気がするのですが……。

堀　そういう意味で日本はいま危機でしょうね。マス・コミュニケーションの問題もあるからね。

萩原　中国の文化がはいってくる場合に、実際はもっとたくさんのものがはいってきたんじゃないかということも考えられるし、あるいは、はいってきた中でわずかのものが非常に大きな影響を与えたのか、そしてそれがどうしてこうなったのかということについては、未解決の点が多いと思う。

柳田　大陸からきたのは、帰化人などのごくインテリだけであったけれども、彼の地の文化を伝え、また日本との調和にこの満州、朝鮮の優秀な青年が当っており、そして帰化文化と日本古来のものとが合体したということなんですから、かなり大きな威圧感をもって臨んだろうね。

堀　そういう意味では、失ったであろうものは文献的なものです。つまりはインテリが失ったわけで、文献資料面に失われたものが多いことになるのではないでしょうか。

柳田　そうもいえるだろうね。けれどもインテリが不幸にして支配者だったから、あとのものは、これがいいのだといわれればごくすなおにそれを受け入れるすなおさをもっていた。第一もう「六国史」というものが主として帰化人の助力によって書かれている。だから『万葉集』と『古今集』とのあいだ、つまり「六国史」の書かれたころですね。この間の日本語の痩《や》せ方というものは考えなくてはならない。つまり漢文学がはいって、日本の従来の言語は女性だけしかあやつらなくなってきている。この文学の「ほそり」というものは、もうどうにも取りかえせない喪失といえるでしょう。近世の漢学は六山僧とか、もしくは荻生徂徠《おぎゆうそらい》以後のものなのだから、このほうはまだ心がけ次第では同じ失ったものといってもまだ民俗学の方法で取りかえせる余地はあると思う。

堀　ちょうど「六国史」の時代には国の権威そのものも中国、唐朝を中心にして考えていますね。遣唐使時代には、日本が東夷《とうい》の第何席につくかということが、非常に問題になっているじゃないですか。

柳田　天神様《てんじんさま》（菅原道真《すがわらみちざね》）は偉いと思うね、遣唐使制度をやめたんだから。あれだけの思い切ったことはちょっとできないと思う。それは道真が藤原氏の人でなかったからだと思いますね。

堀　日本の文化が、たとえば大和絵《やまとえ》などのように国内的に独自の発展はしたが国際性は失われたのではないですか。

和歌森　もう客観情勢として唐から学ぶべきものがなくなったというのが、そのほんとうの理由なのですがね。

柳田　菅原道真はやはりそういう点わかったんですね。あちらのほうへ片重《かたおも》りしたということを意識されたんだな。

直江　当時通訳というものがいたんでしょうね。

堀　いました。伝教大師《でんぎょうだいし》や慈覚大師《じかくだいし》などは通訳をつれて留学している。

大藤　交流に際しては、僧なんかは向うのことばもできたと思う。

堀　僧侶《そうりょ》は必ず唐音を学べという規則もあるから、会話はできたと思います。

大藤　そうすると、やっぱり誤訳文化もあったでしょう。

堀　もちろんあったでしょう。それだけでなく、当時の世界帝国としての長安の都などへ行った留学僧は、その文化に心酔したと思いますね。島地《しまじ》黙雷《もくらい》ほどの人でも、明治のはじめにヨーロッパへいった当時、西洋の文物を見て驚天動地、真に極楽世界なりなんていっていたのと似たものがあったのではないか。奈良の末から平安朝初期の唐の文化に接した僧侶たちにとっては、まさに驚天動地だったんだろうね。

直江　さっき先生は、日本の国土というものは特殊な条件のものだったといわれましたが、われわれの研究所（民俗学研究所）で手をつけている離島調査の中から、島国の生活の特殊性といったようなもの、それをこの本のどこかに織り込んでほしいと思います。

柳田　そう、島によっては、平素陸から見えるような島だと問題はないけれども、八丈島なんて島、見えないところにある島からはじめて渡った時の因縁というものは埋もれているのだよ。

僕らが一番現在の学問に対して不服なのは、日本には三百から四百の島が存在しているのだけれども、その島々に渡らずに、すぐこの本土へ上がってきたように思うのは、島に対する知識の欠乏と、古代の移住というものを考えない証拠じゃないか。現に壱岐《いき》や対馬《つしま》はみな大陸から渡ってくる場合の中継地になっている。だから本土へ上がるまでに島から島への移住というものを考えてみる必要があるわけだ。それを今の学者は多くは九州か、もしくは本土へじかに上がってきたと前提して議論している。しかしそれとしても長門なら長門の端のほうへ上がったということと、それが日下全国にどう分布していったか。渡ってくるというのは、一番最初にさかのぼって考えると、いってみようというところを知らないのだから、初めてきて、そうしてここにいなければいくところはないと思ったんだからね。ねずみは地理を知らないから、海を渡ることはないと徳田君（御稔《みとし》――京大教授・動物学）はいうけれども、地理を知らないのは、ねずみばかりじゃない。百年前の日本人だって知りゃしないのだから。

初めて見つけて上がった時というのは、大陸から見えやしないのだ。とにかく非常にいい島であったろうと思う。主として水が清いということ、天然豊富であること。樹木なんかは、想像できないほどたくさん茂っておったろうと思う。そういう島にはいってきて、さびしいくらいの少ない人でのびのびと生活しておったのだから、気持もいまのように敏《びん》捷《しょう》だったりなんかしないのじゃないか。もう少しおっとりしておったと思われる。ちょうどわれわれが離島にわたって野蛮人を見るようなもので、文明人から見れば野蛮人と考えても、彼らにしてみれば楽天地なわけです。太平洋諸島なんか十五世紀か、十六世紀の時に刺激を受けて、今日のようになったけれども、ボルネオの島なんかだったらもっとおそくまで長いあいだ楽天地に住んでおれたろうと思う。

堀　エリオット・スミスのいうように、新石器文化と金属器ことに鉄器使用文化とのあいだには大きな落差があって、この落差には大規模な民族の移動交換といったものが行われたと見られる。この時代に日本列島にも一つの文化的、政治的変動があったのではないでしょうか。

柳田　金属器を使用するようになった時はやはり大きな境だね。あの金属器がなかった時代と、できた時代とでは、いくら便利な火打石があったところで、やはり大きな境だったろうと思います。

堀　そういうことを考えますと、記紀のはじめのほうの記事のなかに、ことに大和朝廷の国家統一に向かっていく過程のなかに、こうした文化の落差がうかがわれるような気がします。大和の武将たちは、もう非常に進んだ金属器の武器をもっていますね。

柳田　ありうるだろうね。金属をもっている人と、それをもっていない人との衝突だったかもしれないな。しかし証拠は何もないですからね。そういった問題をフォークロア（民俗学）でどういうふうに証明していくかということは新しい命題ですが、私たちが別に迷っていないのは、文字を知らないクラスに共通にあるものの中に、ずっと古くからのものがあるだろうと思っていますから。氏族制度なんかの問題でも、もちろん親子から繁栄したものには違いないけれども、あの時代にはかなり政治上の力があったものだから、歴史を教える人の多くは氏族制度の廃絶とか消滅といったようなことばを使うのじゃないですか。氏族制度の衰微という以上に崩壊ということばを使っているね。

堀 歴史の記録は崩壊以後に書かれたものだから。

柳田 氏族制度なども、いま考えてみると下部の結合力が強かったね。

大藤 そういうものはやはり変化して現代まできているわけですね。

郷土愛と肉親の愛情

柳田 親の子供に対する慈愛なんというものも、個人道徳のようにいうけれども、僕は一続《ひとつづ》きのものじゃないかと思っているね。

堀 そういうところから古い歴史を見通してみますと、それが日本人の起原とか原文化といったところまでもっていく場合には、他の周辺の民族や古代文明民族の文化要素と比較してみる必要があるんじゃないか。

最上 原文化にまでさかのぼらない時でも、日本文化の特色というものを探っていこうとするとき、私など現在の日本に伝わってきている西洋文化、あるいは西洋文化の影響を受けて大きく変化した日本文化を念頭において、固有文化の特色を考えるのですが、どうもそれでは、はなはだ心もとない気がします。西洋の文化でも、もう少しさかのぼったところへいくと、われわれ固有文化の特色と思っているところのものに、かなり近よったものが、案外多いのではないかとそう思われてなりません。ことにわれわれと同様、あるいはわれわれ以上におそく、近代西洋文化の洗礼を受けた、われわれの回りの諸民族の文化と比べたとき、ほんとうにわれわれの特色がどこにあるか、日本人というものの特色がなんであるか。もっと確かにすべきものではないでしょうか。

柳田　それのほかないという感じですね。しかしあんまり古く渡ってきたとすれば、われわれの想像しているのは動物のもっているといっしょのものよりほかに、そうたくさん科学性なんというものはもっていなかったのかもしれない。それから以後に成長したのかもしれないね。郷土愛の結合が強いとすればほかの人に対する復讐《ふくしゅう》ということがありはしないかね。よくはわからないけれども。

直江　日本人の性格の中に、長い歴史のあいだに失われてしまったものがたくさんあるのじゃないかという問題ですけれども、そういった心組みで実際問題を考える場合に、現在の生活に痕跡がないものは、民俗学の立場からは取り上げていくというわけにはいかないのじゃないですか。われわれとしては、失われたとはいいながらも、実は形をかえながら現在の生活になんらかの痕跡を残しているというものを取り扱うことになるのじゃありませんか。全然痕跡を残さないといった場合には、われわれとして取り上げようがないように思いますね。

柳田　自分の話をすることになりますが、子供とか、孫とか、分家とかいうものの将来を考えるという気持、これは人間に具有している性質じゃない。この感情は動物には見られないし、生れない孫に対して考えることはないし、また同じ人種の中でもそれを考えないで済ましておるものがある。そうすると、子孫のことを考えるのは朝晩見なれておる自分らの子供の子供であるといったような、つまりはこれも子供のことを考える肉親の愛情であると考えられるので、やはり一種特殊なものかもしれない。日本人がそれを他の民族よりよけいにもっておったということはあるいは証明しがたいかもしれないが、今日の祖先信仰というものはもとはやはり親の愛情、肉親の愛情というものが基礎になっている。たとえば村を作る場合に、あるいは農業の特徴かもしれないけれども、ここならこれこれの危険くらい防げるだろうとか、これこれの危険ならば、なんとか助かるだろうということを考えてみな村を作っていますね。孝行といって子供のほうから親のほうにし向けるほうばかりやかましくいうものだから、個人自由の問題に抵触《ていしょく》するのだけれども、われわれのような年をとったものが、自分の血筋ばかりでなく、自分たちの村落のこと、自分たちの国のことなどについて未来のことを考えて、百年後、二百年後はどうなるかというような考えは少なくとも民族によって濃淡の差がある。今でこそ全然冷淡な行き当りバッタリに住居地の選択をするけれども、古くさかのぼればさかのぼるほど住居地の選択というものはかなり慎重を期し、苦労している。これが他の動物なんかと違う点ですが、そういったものの中に利益を離れて将来のことを考える能力なんかもあったんじゃないか。

堀　そういうリーダー・シップをもっていたのは、いわゆる族長というようなものだけじゃないんですか。

柳田　いや族長といっても、当時は二軒か三軒で住んだのだし、谷間を見つけるのでも、やはり安全にしようという気持からなんだから、それは個人主義といくらも違わないな。個人主義というものは、そうした意味での社会としての個人主義だろうと思うけれども、それが族長といえども、そんなに違わないのじゃないかと思う。

また日本にやってきた時に、五度にも八度にも分れてきているかもしれないけれども、そんなにたくさんきたんじゃないとするならば、どうしてもここの島を、この土地を開かなければならないとか、この土地に住まなければならないという気持、いわゆる現在の農民気質というようなものは、かなり原始的な、しかも人間にしかない性質じゃあるまいか。こういうことも注意して見ていかなければならないと思う。

近ごろやたらに古いものはすべてぶちこわせというふうなことを聞くけれども、何でも封建性だなんていうのはことばの使い方を誤っているのみならず、はなはだしい偏見といわねばならない。弾圧というのは何も上から弾圧してできたものじゃない。仲間からはずされるということが、ことに島の生活、小さな農耕集団の生活では非常に深刻な恐怖だったと思う。実際仲間の生活からはずれたらいく所は海の中しかない。だからちょうど鳥や魚の類が仲間から離れたならば危険が多くなるからという、あのインスティンクト（本能）に近いんですね。この中に固まっていれば、まず危険があるにしても、ずっとそれが希薄になるというような気持で、あの渡り鳥なんかも渡っている時に列から離れた奴から敵に食われるから、結局あの中に固まっていようというあの気持も、そんなものから出ているのじゃないかしらと思う。

家族制度と親方・子方

柳田　それから、最上君なんか、なんべんも感づかれたと思うけれども、僕もこのところ、それをしきりに考えているのは、日本の人口がずいぶんふえているのだが、まんべんなく、みんなふえてきたような感じをもつけれど、実際は滅びる家は非常に多い。中には分家としてわずかに血筋がつながっているもの、さらには分家すらなくなっているものがある。いわばかなりのセレクションが行われておった。

大藤　群れを離れまいという性質は日本人に非常に強いような気がするのですけれども、はじめからこうした性質をもっていたのか、あるいはこの国へ来てから、あるいは人口がふえてきてからそういった性質が強くなったのでしょうか。

柳田　人口がふえてきてからはむしろ離散する傾きがあるのだから、前からあったんだろうね。

和歌森　でもあれば窮屈になってきて、今までどおりの人口密度では生活していくことがとにかく困難になったからでしょう。

柳田　いや、それはごく最近、明治以後になってからだと思う。仲間が苦しいから外に出ていくというのは、わかっているけれども、反対に仲間が苦しいから外に出られないというふうになるのは、非常に人口が多くなってからだと思う。以前は山一つ越えたら空地がたくさんあった。にもかかわらずそれすら知らないで、別にそっちのほうへ遠征も企てなかった。鎌倉時代からこの方、遠方に領地を与えて、血縁でもなんでもない関東武士を九州とか、東北のほうへやったのが多いでしょう。これは僕は政策だと思う。一つの地方に固まって住まわれるのは困るから、いくらか分家奨励とでもいうべきものじゃないかと思う。五十里とか八十里くらいなら行き来できるけれども、あれだけ離れるとできないからね。

直江　今のお話に関連して親方、子方の問題ですけれども、これが拡大されて親分、子分の関係になり、それが近世では日本の社会の一つの大きな特徴を形成することになるわけですが、そういうものがどういうところから起ってきたか。これはある機会に法制史をやっている人から聞いた話ですが、親方、子方に似た制度がドイツの中世にもあったそうです。そこで考えられることは、たくさんの親をとらなければひとり立ちが心細いといった場合に、こういう制度が広く行われるようになったんじゃないかという気がするのですが……そういう関係の古い形として、大本家を中心とした上下のつながりといったものが考えられそうに思いますね。

柳田　一度にたくさんの親をとる心要はないのじゃないか、つまり親の勢力が非常に弱くなったため、仮り親、義理の親をとらなければならないということになったんじゃないか。

直江　いくつかの大本家を中心に、村の生活が営まれているといった場合には、たくさんの親をとるという慣行はあまり目だって現われないでしょうね。

柳田　目だってこないというよりいらないだろう。

堀　強い関係はないですね。

柳田　そう、宮座《みやざ》なんかと同じだね。結局宮座なんかも、また親方なんかもほんとうの親、自然の親、パトリヤークというもののいくらか無力になったことを意味するのじゃないかな。

堀　そういった本家なり、親なりにもたれかかっていこうという気持は古いものじゃないですか。

柳田　もたれかかるというと語弊があるけれども、親子関係というものは生みの親だけに限っていないことは、大親が沖縄なんかにあって、まだ氏族制度というものが生きておった。東北地方なんかにも残ってやしないか。親方の孫分家というようなものもある。

堀　そういう形、つまり社会構造を「親子なり」といったところから発達させ複雑化しているところに、何か日本人の一つのかなり大きな特徴のような感じを受けます。

柳田　氏族制度の崩壊じゃ説明できないかしらん。系統が絶えるとか、分裂が起るとかいう時に、とても自分の自然親だけでは頼れないという時がくる。この時に仮り親が目をつけてやるということであるから、いわば命の綱でもあったろうね。ベネディクト（アメリカの評論家『菊と刀』の著者）などは日本人は義理だけでもって結ばれておるなどといって、親族を無視するものがあるんだからね。またそれが社会を複雑にしていることは事実だけれども、義理だけで国全体が結びつけられているように、ベネディクトなんかに見えたのだろうかね。

大藤　子分がまた子分をとるでしょう。そうするとその下の子分は間接的にその親分の親分とも親分子分の関係にあるわけだ。

直江　そういう上下の関係ですが、ごく古い時代にはそれが認められないのじゃないですか。

和歌森　日本人は特に子供をかわいがるという、ほかの国の人間よりも子供に対してむしょうにかわいがり過ぎるということと関連してくると思うんですが……。

柳田　責任を感じるのだろうけれども、僕はかなり古いものじゃないかしらんというような気持がします。場所を与えられると、場所というようなものを失うまいとする心持と結びついて……。

堀　たとえば神道の信仰なんかを見ますと、氏神とか、産土神《うぶすなのかみ》を自分たちの生活範囲や生活能力といったものと関連させて考え、かつ信じているのだから、日本では全知全能の神は発達しないで、いまの親子とか、本家、分家という関係を基盤にして神観念なども発達してきているのじゃないかな。氏神様にも力の限界とか、地域性とかいうようなものが意識されておりますね。

柳田 あるかもしれませんね。

和歌森 割拠癖も国土の自然から相当制約されていると思いますが、これもやはり封鎖性と同じものがあるんじゃないか。

柳田 山は多いし、食物はとれるし、どうしたって割拠する条件は備わっている。

堀 割拠するというのは、やはり不安を感じていたんじゃないか。

柳田 自分より、より大きなものがくるんじゃないかという気持、いまでも、あたりをキョロキョロと見まわして、多数の人のやるようにするというところにそれが残っていますね。これは普通選挙などに対しては非常に有害なんだけれども、やっぱりあなたはだれに入れましたかというようなことを聞き合っていたりする。こういうところに買収とか、投票を得ようと手段を講じようとする気持がある。それから自分では一応入れたいと思っていても、ふと素朴に受け入れてしまう。自分らの平素尊敬する人と違った人に入れてしまうようなこともあるわけで、現在のように個人、個人を本位にした時には反省しなければならない。日本人にはこれこれの欠陥がある。ほんとうの民主主義になるにはこれこれの準備条件が備わっていなければならないということをみんな知らなければならないと思う。

祖先信仰と民族の結合

堀 信仰教団などといわれるものが、ことに終戦後はあちこちに輩出して盛んになっていますね。あれはマイナスの面もあるけれども、何か日本人のそういう精神文化の面からも出てきているような気がするのです。むかし境内社、末社というのがやたらにふえたのも、一つには集団の無力さをあれによって補おうとするようなことはいえないんですか。

柳田 僕は金比羅《こんぴら》さんをおがみますからといって、金比羅さんの祠《ほこら》を作るということはあるかもしれませんが、末社がやたらにふえたのは別に政治的な意味があったと見るのはどうかな。

堀 仏像とか、菩薩像《ぼさつぞう》とかいうものは、一つの機能を分担しておりますから、そういう点が神道にも非常に影響を与えていると思います。

柳田 もともと優秀な神様を大事にするという気持はあっただろう。

直江 割拠癖と、封鎖性をもった群れ、それには必ず信仰的な中心があったということ、これはどこの民族でもそうでしょうけれども、日本人の場合そういう信仰的な中心に、何か特徴があったかどうかということが一つの問題になると思います。わたしは前に社会ということばの意味を考えてみたことがあるんですが、あれは明治になってから使われるようになったことばで、起りは中国ですが、向うでは社とか会とかいうことばがいろいろに使われていますが、要するに人々の集まりでしかも必ず何か信仰的な中心がありますね。その中心が祖霊信仰ではないというのが日本とは非常に違う点のように思われます。日本の場合は祖先崇拝的な傾向が非常に強いのが特徴ではないですか。

和歌森 土地ですね、祖先との結びつきは非常に希薄なものしか見られない。

柳田 地神と祖神、これが非常に複雑だ。いまでも日本においては祖神のほうが多いでしょう。土地の神様のほうが先祖様だという心持はそうかね。やっぱり天地の地、社稷《しやしょく》の稷かね。

直江 よくわかりませんけれども、中国の村の神々を見ると、どうも祖神という観念は認められないようですね。

柳田 神様をそれぞれの機能に従って信じていたという宗教記録があるけれども大間知《おおまち》君（篤三《とくぞう》、民俗学研究所理事）が満州で見てきたものの中に、親族だけが集まって神社に祭る神様だけを祭って、非常に神聖な、まじめな信仰をしている。こういったものが日本の農村なんかにもあるんじゃないかと気をつけているけれども、親族の結合というものと祖神信仰ということが結びつけられるようなものがあるような気がする。家廟《かびょう》というようなものも、共通に信仰している特定の家の祖神といった形が多いような気がしますね。

東方浄土の信仰

和歌森　私、前に日本人の社会生活の特徴について長い論文を書きましたけれども、その中に自然というものに対して非常に傾斜する気持の強いこと、ハレとケとの差別感が強いこと、地域的に割拠しやすいこと、それからもう一つは、貴種敬重《きしゅけいちょう》ということを書きました。こういったような、自分の書こうと思う要素をたがいにあげていったらどうかしら。

堀　どうも芳賀《はが》（矢一《やいち》）先生の『国民性十論』みたいになりそうだな。

柳田　表面に現われたところだけで作ったのがあの十論だ。別に資料の裏づけといったようなことでなく、抽象的な、上っ面なものなんですね。それだけに、またある面から見れば、いやとはいえないことばかりなんだね。

それからこれは僕が考えていることだが、具体的でないものだからちょっと僕の意見に同意してくれまいと思うけれども、日本人だけでなく、東のほうを非常にたいせつにする人種がある。これらの人種は東に向いた海岸に住んでおった人種であろうというようなことがいわれ、また東方浄土《とうほうじょうど》ということばを使っているのだけれども、こういう気持は同じ極東にいるいろいろの人種でも差別できると思う。その点からつまりいったり、きたり現在のように簡単にできるわけではなし、また見えるわけでもない。土地を見つけて住みつこうなんていうことを考えていたのでも、もちろんないわけですね。それだのに東のほうに何か極楽浄土があるんじゃないかと思う。この浄土というのは仏教のことばだけれども、仏教のない以前にもやはりこういう気持はあったのだと思う。もう一度人間に生れてくる、仏教と違って六道輪廻《ろくどうりんね》というようなことはいわないで、楠正成《くすのきまさしげ》のいったようにまた人間に生れてこようという考え方、こういうことを断定するのはちょっと欲張り過ぎるかもしれないけれども、いずれにせよ東方を非常に大事にするという心持はありますね。蓬莱《ほうらい》とか扶桑《ふそう》とか日本とかいう名は、その思想が影響しなければ出てこないよ。日本人が朝鮮からきたか、中国から直接きたかわからないのですけれども、蓬莱とか、扶桑とかいう気持をもちながらやってきたんだからね。まあ直接われわれの先祖じゃないかもしれないけれども、東にいい浄土があるというような気持はもっていたんじゃないか。

萩原　東に移りたいという願望は強かったようですね。

柳田　農業をやると、与えられた土地を動こうという考えはもつまいね。どうしても動かなければならないという時には、東に移るということになるだろうが……。

萩原　割拠主義とともに土地への執着ということが考えられてくる。土地のよいところを求めてさがし歩くということはないんですね。

柳田　ひどい土地でも満足して住んでいるからね。沖縄だっていいところじゃないよ。でも沖縄にだってみな住んでいるからね。

大藤　ほかの土地がどういうところであるかということが、わからなかったということもあるんじゃないか。だから、どうしても苦しくなって生活できないということになって、はじめてほかへ移るということはあったようです。

柳田 やっぱり農業を始めるとちょっと動けなくなる。土地への執着というのが出てくるから。

直江 種子島《たねがしま》へいった時に感じたんですけれども、あそこはごく最近まで人口がまだまだふえる余地を残したままできているんですね。島からは鹿児島の半島が見えますし、島の人々が飽和状態になり、生活が苦しくなって出ていったというよりも、何か引きつけられるものがあって次から次へと島を出ていったものらしいですね。南から移り住んだ連中があそこを足だまりみたいにして、元気な者が先へ先へといったような印象を受けました。

柳田 海の向うに島が見えるんだろう。見えるところにあると、やはり計画的移住という心を起すね。水平線の向うに沈んで見えない土地へは、これはそういう計画移住はむずかしい。日本の場合、朝鮮の釜山《プサン》の突端にいけば九州が見えるかどうかという程度で、あそこからきたとはちょっと考えられない。

堀 結局信仰だな。東へいけばいい国があるといったような、「コンチキ号」なんかもそうだね。宗教的指導者の託宣とか予言とかいうものが、民衆の信仰となると、それがそのままに服従され、実践されてしまう。それを勘定に入れないと、こうして島から島へ渡り、山の中まではいり込んできた理由はわからない。たとえば東へいけば青山四方にめぐり、水清く、恵まれた土地であるとした一つの讖言《しんげん》が信じられて、それがいわば人種移動の一つの契機をなしたろうが、ある集団は、ある土地に中泊まりをしているうちに三年になり、四年になり、ついに土着してしまうといったようなことも考えられるわけですから。

(昭和二十九年一月二十五日、神奈川県国府津館で)

あとがき

『日本人』という題目は、自分にとってきわめて魅力のある名称である。日本および日本人についてこれまでに書かれた書物や論文はおびただしい数にのぼっているが、満足するにたるものは少ない。私はこの題目を引き受けたとき、日本民俗学の成果を利用するのにこの上もない機会だと思った。この『日本人』はかねて自分と志を同じくし、共同の仕事をつづけている民俗学研究所の関係者に参加してもらった。全体を十章にわかち次のように分担執筆した。

一　日本人とは（柳田國男）
二　伝承の見方・考え方（萩原龍夫）
三　家の観念（柳田國男）
四　郷土を愛する心（堀一郎）
五　日本人の生活の秩序（直江広治）

六　日本人の共同意識（最上孝敬）
七　日本人の表現力（大藤時彦）
八　日本人の権威観（和歌森太郎）
九　文化の受けとり方（萩原龍夫）
一〇　不安と希望（堀一郎）

執筆に先だって内容の打ち合わせや検討のための会合を開いたが、時間の余裕が十分になかったので、各章のあいだに多少の矛盾も生じたかと思う。また『日本人』という題目で執筆者たちの開いた座談会の記録を、本文の説明を補足する意味で付載することにした。

解説　「日本人」論のむつかしさ

阿満利麿

1.「日本人」の多様性

世間では、日本人ならば、元旦には餅の入った雑煮を食べるもの、と決まっている。しかし、雑煮に餅を入れずに、かわりに里芋や山芋だけを食べるという地域もある。また、元旦には蕎麦粉を食べるという地域も存在する。

こうした雑煮の多様なあり方は、なにを物語っているのか。それは、日本列島には、稲作を中心とする人々がいる一方、焼き畑中心の暮らしをする人々もいたということなのである。作物からいえば、米を中心とする暮らしか、雑穀中心の生活かという違いになる。それが、日本人ならば米を食うのが当然であり、雑穀を食べるのは貧しいからだという偏見になってくる。どうしてこのような偏見が生まれてきたのか。

それは、一言でいえば、明治の近代国家の成立による、といってよい。近代国家は均質な「国民」の存在を前提にする。等しく課税対象となり、等しく軍隊に参加し、国家の統治機構に等しく従うことができる「国民」の存在が不可欠となる。そのために、日本列島の住人は、ときにその生活習慣の放棄をともなっても、あらたに「国民」に仕立て上げられてゆかねばならなかった。そこでは、米作に基づく暮らし方がモデルとなり、それ以外の暮らし方は排除、差別の対象となっていった。

＊

問題は日本には、国家意志によって規定される「国民」としての「日本人」という言葉以外に、さまざまに異なった暮らし方をする人々を指し示す言葉がなかったという点であろう。たとえば、言葉についていえば、国家が決めた「標準語」（公用語、現在では「共通語」になっているが）に対して、人々が実際の暮らしのなかで使う日常語は「方言」とよばれる。しかし、東京に住む人々の言葉は、地方の言葉であるにもかかわらず、「方言」とは呼ばれない。「方言」には、絶えず侮蔑、差別、劣等感の意識がはたらいている。これでは、それぞれの地域の言葉に自信をもつことはむつかしい。そして、なによりも問題なのは、「方言」を担う人々を呼ぶ名称がないことだ。せいぜい、田舎の人とか、どこそこの地方の人だ、というくらいである。

「方言」に見られるように、それぞれの地域の暮らし方は多様であるにもかかわらず、そうした暮らし方をしている人々を示す言葉は「日本人」しかない。だからこそ、柳田国男は、現実の暮らし方に即した人々のあり方を、ときに「平民」とか「常民」とよんだのである。しかし、すでに長い時間を経ているが、「常民」は日常用語とはなっていない。

高取正男は、こうした暮らし方の相違に基づく人々の呼称が存在しないことに、人一倍敏感な民俗学者であった。彼はいう。英語には people や nation とならんで folk という言葉がある。folk とは、暮らし方、生活ぶりを異にする民群という意味だ。ちなみにアメリカでは、folk は folks と複数形にして「みなさん!」という呼びかけの言葉として日常的に使われているという。その folk に該当する言葉が日本語にないところから生じる問題を、高取はつぎのように指摘する。

フォークやフォルクという言葉を日常的に使っている人たちは……国民として国家の統治をうけ、市民として特定の経済圏に帰属することと、生活文化をひとしくすることとは必ずしも一致しないし、一致しなくてもよいという事実を、日常の次元で平明に意識しているといえるだろう。これに対して日本人は、この種の言葉をもたないことが示すように、政治的経済的統合と、文化的統合との質的な相違を、正しく認識するのが不得手である(「日本史研究と民俗学」『民間信仰史の研究』)。

そのために、日本人の間では、やたらと文化が政治や経済に従属しがちで、文化の面でも「中央志向」が強かったり、反対に必要以上に「土着の軽視」が生じやすい、というのである。

加えて高取は、一人の人間が「標準語」と「方言」を使い分けるように、生活態度においても、理性的表現と、一見すると、非論理的な表現を混在させているという。その例として高取は、「衛生的」という表現と「潔癖」という言葉をあげる。「衛生的」は、合理的判断に基づく言葉遣いであり、それに反したときには当人が非を認めて誤ればそれですむ。だが、「潔癖」は不潔を嫌い、嫌なことは嫌だという「理性以前」の嫌悪感をいう。そしてこのような反発を受けると、謝っても簡単には許されない。くりかえせば、私たちの日常の意識のなかには、論理的で合理的な判断とならんで、「前論理的」で非理性的な反応が併存しているのであり、後者はフォークに由来することが多いという。つまり、前者が学校教育や公的場面で養われるのに対して、後者は親子代々、あるいは村づきあいのなかで伝承されてきたふるまいということになろうか。

さらに、日本社会の場合、一八八〇年代の産業革命やその後の第二次産業革命を経て急速にそれまでの共同体が解体されてゆき、人々が不安な生活を余儀なくされてゆくが、そのなかで、国家は巧妙に「疑似共同体」を創り出してくる。そのことについて、高取はつぎのようにのべている。

すべてを血縁になぞらえ、父方の出自のみ重視する武家社会に特徴的に発達した、いわゆる「タテ社会」の論理が不当に拡大され、充塡されることになった。（中略）強力な家父長制的家族秩序と、それを根幹にしたさまざまな社会組織は、多くは明治国家が近代化の過程でつくりだした巧妙な疑似伝統であった。これをもって大昔からあるように思うのは、大きな錯覚といわねばならない（『日本的思考の原型』）。

近代日本の「家」制度については、福島正夫の古典的業績（『日本資本主義と「家」制度』）があるからそれを参照されることを希望するが、要は、近代の「家」は国家統治の基礎単位であり、国民はすべて戸籍制度によって「戸主」が率いる「家」の一員として、国家によって直接統治されるようになっていた。「家」は決して封建遺制などではなく、れっきとした近代の産物なのである。そして、最終的には、「戸主」を媒介に、天皇を「国父」とする家族国家論がつくりあげられたことはよく知られていよう。

このように、「日本人」という言葉には、「国民」という以外にも、多重的な意味があり、「日本人」論を展開するときには、あらためて、「日本人」一般論ではなく、「日本人」のどの面を問うのか、それを確認する必要がある。それが「日本人」論の難しさの一つなのである。

2.「日本人」の課題――「大勢順応」

柳田国男の「民俗学」もまた、明治の近代国家の形成過程において生じてきた諸問題を真正面から意識しての営みであったことは言うまでもない。

それは、私たちがひとりひとり、それぞれがもつ「眼前の疑問」から出発せよ、という励ましとなっていることからも分かる。柳田国男は自らの学問を、「経世済民」の学と称し、「眼前の疑問」を解くために、過去をたずねる学問だと主張している（たとえば『青年と学問』）。過去をたずねるという点では、柳田の学問はいわゆる歴史学と共通するのであるが、歴史学が文書史料に偏り、政治的経済的観点を優先させて、民衆の日常生活を明らかにすることにほとんど関心をはらってこなかったことに、柳田は強い批判をあびせたのである（『国史と民俗学』、「聟入考」など）。

「眼前の疑問」を解くために過去を問う――過去を問うのはあくまでも現在の問題を解決するためであり、未来を築くためだという、強い実践性を帯びた柳田国男の「史学」は、私の言葉でいえば、〝現在史学〟ということになる。つまり、あくまでも視点を〝現在〟に限定するという、一種の禁欲を要求する史学なのである。彼は、単なる好奇心に駆られてもっぱら起源をたずねることに終始したり、古いというだけで感心してしまって批判力を失うような精神は、史学とは無縁だと強調している。

では、柳田の場合、その「眼前の疑問」として浮かび上がってきた大きな問題とはなにか。それは、国民の間に「大勢順応」の風潮が蔓延して一向に改まらないという一点に集約できる。

東洋には古くから大勢という言葉が流行していて、一つの新しい傾向が芽ばえてくると、その価値を確かめもしないうちから遅れずについていこうとしてあせる気持ちがあった。この風潮はなかなか抜けがたいもので、おそらくは島国に住んで少なくとも二千年以上の長い歴史のうちにつちかわれた癖であろう……したがってそれにたち遅れる者はいっそう不安になり……いちばんすぐれた者はどこを見ているのかということばかりを気にかけて、正確にそのもの自体の批判も分析も行われないうちに時相が次に移るというような、いわば低気圧に似た混乱が常に日本人の生活の中には漂っている（本書、一一三〜一一四頁。傍点は原文）。

柳田は、このような傾向は島国であるがゆえに一層助長されたとし、とくにその問題は、国民が自分たちのことを自分たちの考えで判断せずに、いわば自分たちの運命を一部の少数の人間に委ねて怪しまないという風潮を伴ってきている点にある、とする。

日本では島国でなければ起こらない現象がいくつかあった。いつでもあの人たちにまかせておけば、われわれのために悪いようなことはしてくれないだろうということから出発して、それとなく世の中の大勢をながめておって、皆が進む方向についていきさえすれば安全だという考え方が非常に強かった。いってみれば、魚や渡り鳥のように、群れに従う性質の非常に強い国なのである(本書、二四頁)。

このような風潮を一層強く助長したのが、明治の官僚主導による国家経営であった。また、一部の知識人による極端な欧米文化の崇拝とそのやみくもな導入がこれに拍車をかけることにもなった。大多数の国民は、自らの問題を自らの力で解決するよりも、一部の支配者層のいいなりになる道を余儀なくされ、いつのまにかそれが習い性にまでなったのである。一九世紀知識人の代表者である福沢諭吉が、独立自尊の生き方を主張してやまなかったということは、それがいかに難しかったかということの逆証ともいえる。

＊

さて、急速にして過度の中央集権を必要とした日本の近代化は、少数の指導者と大多数の追随者を生み出し、それが「大勢順応」を一層固定化してきたのだが、その克服はいかにすれば可能なのか。

そこで柳田が何よりも強調したのは、今日の言葉でいえば、「地域主義」の確立であった。「地域主義」とは、柳田の言葉でいえば「郷土生活」中心主義である。その要点は、民衆がそのよって立っている生活基盤について、その由来と構造を明確に認識することにあり、それが「大勢順応」の病理を克服する捷径《しょうけい》だという。

柳田が「郷土生活」の意義を真正面から論じたのは、『郷土生活の研究法』においてである。この書の出版は、一九三五年、あたかも彼の還暦の年であった。この年、自らの史学を従来の歴史学との対比において明快に説明した論文「国史と民俗学」も執筆されている。またそれに先立って、一九二八年には『青年と学問』、一九三〇年には『明治大正史・世相篇』が、それぞれ出版されており、還暦を前後するこの時期こそ、柳田国男の黄金時代といっても過言ではない。そして、『青年と学問』においても、「地方学の新方法」、「郷土研究といふこと」が論じられており、『明治大正史 世相篇』も、あくまでも生活者としての柳田自身の「内省」に支えられて叙述されていて、それは「郷土生活」中心主義の表現と考えられる。

『郷土生活の研究法』の冒頭、柳田は、人間生活の悲惨はほとんどが歴史についての「無知」に原因があると述べたうえで、郷土研究の第一義は、「平民の過去を知ること」にあるとする。平民にとって過去を知るとは、「平民の今までに通つて来た路を知る」ということであり、それは、「我々平民から言へば自ら知ることであり、即反省である」という。たとえてみれば、源頼朝の事跡を知るよりも、自らの祖父母のことを知り、どうして自分がここに生きているのか、自分が生きているこの環境がどのような仕組みでできているのか、そして自分にはどのような人生が可能なのかを思案することがはるかに大切だ、というのである。

さらに、柳田はのべる。最終の目標はどんなに大きくてもよいが、まずは「自分の家の門の前、垣根のへりから」始めよ、そして、いつも自分自身の「直接の観察」に頼ること、どんなに小さくて、詰まらぬように見えても、それらを馬鹿にせずに「人間の始めた仕事である以上は、何か趣旨目的があつたものに相違ないといふ推定」を大事にせよ、答えの解釈には、比較、時には外国との比較にまで及ぶことが重要だ、と。

＊

「大勢順応」を克服する上で柳田国男が期待したのは、「郷土生活」の中核を形成するはずの「中農」であった。「中農」とは、柳田が一九〇四年に世に問うた「中農養成策」に出てくる概念で、「数百年来田舎に居住し、親代々土地を所有し、昔も今も未来も国民の中堅を構成する地主諸君」(「中農養成策」定本第三一巻)だと定義する。もとより現実は、増大する不在地主と膨大な零細農民という二極分化の進行であり、多くの論者は、「我国の細農制」の改革にはほとんど絶望していた。「中農養成策」は、こうした現実の中での提言であり、その主張の妥当性については、近代日本の農業政策全般のなかで議論されねばならないであろう。

それはそれとして、柳田は、この論のなかで、地主たちが、良心的であればあるほど、農業を顧みずして「政治」に身を投じて財産の一切を失う事例を強く批判している。政治家になるのではなく、あくまでも農民として「郷土」と日本国に貢献する道があることを主張している。つまり、生活に密着した政治参加の方法を提言していたともいえる。

歴史はたしかに柳田が期待したようには進まず、逆に、「中農」の切り捨てとなった。それは、彼の「郷土生活」中心主義の主張を崩壊させるに十分であった。だが、それは今の目から見て断言できることであって、柳田は、その後も「郷土生活」の担い手である「中農」に、「郷土」の伝統の維持、継続を期待し、その日本民俗文化論を展開してゆく。なかでも柳田が力説したのは、こうした「中農」を支えるエートス論である。それが彼の「家」論であり、「先祖崇拝」論にほかならない。それは、結果的には崩壊する「中農」たちの、一種の心理的補償作用ともなってきた。

柳田にとって「家」とは、「血食」を補償する装置であった。「血食」とは、もとは中国で生け贄を供えて祖先を祭ることを意味したが、柳田は、「死んで自分の血を分けた者から祭られねば、死後の幸福は得られないといふ考へ方」(『明治大正史 世相篇』定本第二四巻)だとのべている。死後の祭祀によって人は神となり、その神は子孫たちを保護する。子孫たちもまた、その恵みを感謝してさらに祖先の祭祀にはげむ。それは日本人がいつのころからとは決めがたい、はるかな昔から信じてきたことだと柳田はいうが、こうした子孫と神なる先祖の循環を維持する装置が「家」にほかならない。こと「家」の話になると、冷静にして客観的事実を重視する日ごろの柳田には考えられないほど、柳田は熱く、情熱的で非理性的となる。

柳田自身、一九一八年に発表した「家の話」のなかで、「家」の観念が、近世の初め、主君に奉公するために田舎の土地と家を離れて城下に集められた地侍たちが、「家の永続」を願うところに生まれた、いわばヴァーチャル・リアリティーであることを十分認識していた。にもかかわらず、しばしば、日本人の「家」は、千年を超えて存続してきた、と強調してやまなかったのである。

今日の歴史学によると、「家」は、決して数千年にわたって持続されてきた観念ではなく、早くても一四世紀、遅い場合は一六世紀に成立した考え方だといわれている（尾藤正英『江戸時代とはなにか』）。また、竹田聴洲は、子孫に伝えるべき財産をもたない無高水呑までが「家」の意識をもつようになるのは、寺請檀家制度が全国に普及してからだとして、その時期は、一七世紀後半とした（「近世社会と仏教」）。

このように、柳田の「家」論には、彼に固有の思いがこめられている一面があるが、「郷土生活」を支える「中農」のエートスをそこに見いだそうとした点は見落としてはならない。

＊

加えて見落とせないのは、明治の天皇制国家が、「家」をその国家経営の根幹に据えていたことである。このような状況のなかで、柳田の「家」論は、しばしば、明治国家の「家」政策と混同されてもきた。実際そうした誤解を招く表現も少なくはない。しかし、柳田の意図は、あくまでも、「郷土生活」を支える民衆のエートスがいかなるものであるかを明らかにしようとすることにあり、天皇のために死ぬことも辞さないという、家族国家論のイデオロギーに翼賛するためではなかった。

その証拠は、柳田が「家」における女性の役割をきわめて重視したことに求められよう。実に柳田は、日本における女性史学の開拓者であり、その膨大な著述に占める女性論の比率は大変高い。女性、なかでも「主婦」に対する高い評価は、徹底した女性蔑視によって成立していた国家の「家」政策と見事な対照をなしている。

その「祖先崇拝」論もまた、天皇制と直結するかのような誤解を招く危険性もあったが、いわば、肉を切らせて骨を断つという彼一流の国家批判の論法であったことが、今となれば明白であろう。彼はいわゆる天皇制否定論者ではなかった。だが、なによりも国民が地に足のついた生活をしてゆくうえで基本となるのは「郷土」なのであり、その「郷土」本位に生きてゆくうえで欠くことができない伝統と背馳するあり方だけは、天皇制といえども断固拒否したことだけは明らかなのである。

だが、「郷土」が文字通り崩壊し、列島をあげて都市化が進行し、人々はますます流民化への道をひたはしるという現在、柳田国男の業績はほとんど直接には役には立たなくなってしまった。しかしそうであればこそ、柳田のかねてからの主張であった「眼前の疑問」にうながされて、過去を問うという歴史認識のあり方が意味をもってくるのではないか。それぞれがそれぞれに発揮する「内省」の力こそが、「大勢順応」の風潮を克服できる原点であることは今も変わらないといえる。

＊

ここで、近代日本人、さらに現代の私たちの「宿命」とも見える「大勢順応」の風潮について、別の視点からの解釈を紹介しておこう。なぜならば、これからの日本社会のありようを考える上でも、いまだ解決ができたともいえない「大勢順応」の風潮について、正確な認識をしておくことは必須であろうから。私はそのために二人の先学に言及しておく。一人は、神島二郎である。神島二郎は、柳田国男の民俗学に深い影響を受けた政治学者であるが、人間交際のありように二種あることを明らかにしたうえで、社会のありようを二つに分ける。人間交際のありようとは、「馴化」と「異化」であり、前者は「他と慣れ親しんで協調する」という交際の仕方で、後者は「個体が他と自らを区別して独自性を主張する」という交際の仕方である。その上で、社会にも、「異成社会」と「馴成社会」を区別することが可能とする。前者は階級社会、民族的モザイク社会などをいい、後者は雑居社会を意味する（『磁場の政治学』）。

その上で、神島によると、日本社会は「馴成社会」であり、およそつぎのように説明する。その特徴は、同質でないにもかかわらず異質性が隠されており、異質性があらわに見えにくい社会をいう。そして、こうした社会では、そのなかで生きるノウハウが発達していて、それを見落とすと、個人が未熟であるとか、集団主義的だという誤った認識が生まれやすい、と。

神島によると、日本人の集団主義は、集団への滅私奉公ではなく、いわばわが身可愛さから生じた協力のしあいを指すとする。つまり、そこでは自他の間柄によって自己のあり方を決めてゆくことになり、いわば「間人主義」というのが適切ではないかと提案している。

二人目は益田勝実である。益田勝実は、柳田国男や折口信夫の影響を深く受けながら、「日本的なもの」とはなにかを追求した国文学者であり、思想史家である。

益田は、その著『火山列島の思想』(一九六八年)の「あとがき」でおよそつぎのようにのべている。近年、さまざまな視点から「日本的」ということが考察されてきているが、なにが真に「日本的」なものなのか。自分が見るところ、それは「神の日本的な祭り方に規制された人々の精神」にあるのではないか、と。

では、「神の日本的な祭り方」とはどのようなものなのか。まず、日本の神の特質として考えられるのは、「常在性」がないということ。したがって、「神と人との常住不変的な緊張関係が人々の生活を律しない」ことになる。二つは、日本の神は、祭りの時にだけ出現する。しかも、自ら立ち現れることはなく、神を祭る者が「神がかり」して、あたかもその人間が神であるかのような「神の態」をなし、ときに神を「僭称する」ことにもなる。三つには、人々が神と交流できるのはこの神を祭る者を通じてだけである。四つに、一般の人々は、「禊ぎ、祓い、物忌み」をしてひたすら恐れ慎むだけである。

このように、神は神を祭る者に独占され、人々はひたすら「神を祭る者」の言に従う、という構図は、文字通り「大勢順応」の原型ではないか。加えて、益田はいう。「ものごとを対象化しない。対象を自立させない、という傾向こそは、日本人の神祭りの構造、神道の性格と、歴史的に深くかかわりあっているように思う」(『秘儀の島』)。「物事を対象化しない、自立化しない」ということもまた「大勢順応」の姿にほかならない。

なお、益田が明らかにした日本人の神意識こそ、天皇制を支え続けて今にいたる日本人の深層心理でもあることは、十分に省みられねばならないだろう。「大勢順応」の風土は、同時に「天皇制」を存続させる風土なのでもある。

3.「創唱宗教」の役割

「創唱宗教」とは宗教学上の用語であり、その対は「自然宗教」とよばれる。「創唱宗教」とは、教祖と神学と教団をそなえた宗教を指し、「自然宗教」とは、教祖はもとより、神学や、教団は存在しないが、いつの時代からとは分からない間に、暮らしのなかで習俗化した宗教意識をいう。

柳田国男や折口信夫らが日本人の神の原型として取り出してきた「祖霊」や「まれびと」は、「自然宗教」に属する事柄である。彼らは、「創唱宗教」への嫌悪感から、もっぱら日本の「自然宗教」の領域にかぎって思考を展開してきたが、それには限界があるといわねばならない。「自然宗教」は、人々の共通の生活基盤である村落共同体のなかで生きてきた宗教意識であり、共同体の存続を前提にする。たとえば、人は死後、自らの子孫の祭りを受けて「ご先祖」になる、というが、現在、自らの子供や孫たちの祭りを期待できる人たちがどれくらいいるであろうか。今日では、日本の「自然宗教」は著しい変容を余儀なくさせられているのである。

こうした状況も、柳田国男や折口信夫の神観念の空洞化につながっている。要するに、「自然宗教」が必然的にもたらしてきた「大勢順応」という精神風土は、「自然宗教」の衰弱と共に最終的には滅びるのであろうが、その前に政治的にファシズムを招来する土壌ともなりかねない危険性をはらむ。それ故に、「天皇教」をも相対化することを可能とし、「大勢順応」を必要としない精神のあり方を、はっきりと見定めておく必要があるのではないか。本書『日本人』の弱点を補うためにも。

＊

もとより、現実に存在する「創唱宗教」は、理不尽な教祖崇拝を要求する教団であったり、常識では受け入れがたい呪術的な思考に満ちていることが少なくない。多くの常識人が宗教嫌いである所以である。だが、歴史的には、万人を救済対象とする普遍的な「創唱宗教」も姿を見せたこともある。たとえば、十三世紀の法然の「本願念仏」である。そこでは、阿弥陀仏の前では万人が平等なのであり、万人が一人の例外もなく、念仏すれば浄土に生まれることができると教えている。ただし、その普遍的教説は、法然滅後百年ほどを経て、自然宗教的風土にほとんどが同化されてしまった。つまり、「本願念仏」は生きている人間のための教えから、死者供養のための呪文に堕してしまった。

しかし、教団のレベルとは別に、法然の教えを忠実に伝えてきた人々もいたのである。こうした人々の特徴は、生きてゆく上での最終的なよりどころが明確であり、なによりも、権力的思考に同調し、政治的抑圧に屈することはなかった。そこでは、「大勢順応」は起こりようがなかったのである。

一例をあげておこう。日本の近世の半ばころから、それまでの家父長制的な家が解体し始めて、小百姓が独立してくる。こうした小百姓たちは共同作業によって農業を営む必要上、ヨコの連帯が強くなる。そうしたなかで、とくに真宗地帯では、「小寄講《こよりこう》」という集団が生まれてくる（以下、「小寄講」については、児玉識『近世真宗と地域社会』による）。「講」では、生業をはじめ暮らしの一切を共同で営む。その際、「弥陀の前での平等」が貫かれて、暮らしにかかわる事柄が平等に話し合いのなかで決められていった。それは、当時の他村にあった「宮座」と著しい違いを示している。「宮座」は、有力農民や特定の家筋のものだけで構成されおり、いわば彼らの特権を保持する役目を担っていた。「小寄講」の伝統を今にひく地域では、日柄や方角などを気にせず、友引にも葬儀を出す。家には神棚がなく、また位牌も置いていない。結婚式は寺でする。神社はあるが、祭り以外は詣でることはない。経済は互いに中くらいで貧富の差はない。講に参加するものの団結心は強く、山の掃除や川の掃除も共同で行う。本願寺への寄付は平等の額で実施し、寺の総代は選挙で決める。また年の初めに、区長の手当てや、田植えの日取り、稲刈りの日当などが全員の話し合いで決められる。このように、この村では一般農村では信じられないほどの平等志向が強い。

ここでは柳田国男たちが心配した「大勢順応」はない。もちろん、村の共同体規制は存在する。「小寄講」の約束事を破ったものには、「講刎《こうはね》」という制裁があるという。村人たちは、完全に自主自立という訳ではない。なによりも、共同で営む農業の存在が大きい。しかし、メンバー同士の間で、平等な話し合いが生きているということは大切であろう。

このように、「大勢順応」の克服には、平等と自由な発言が不可欠である。そしてその可能性は、世俗的なものを相対化できる立場（たとえば「創唱宗教」）の裏付けがあってはじめて可能だという例を「小寄講」に見ることは間違いであろうか。「日本人」論が、いつまでも「大勢順応」の母体となってきた「自然宗教」のなかでなされるのではなく、万人の救済を目指す「創唱宗教」を切り口にしてなされることも必要なのではないか。あえて提言しておきたい。

マ　行

ヤ　行

ラ　行

ナ 行

ハ 行

タ　行

サ 行

索引

本書は毎日新聞社から一九五四年に刊行された『日本人』（毎日ライブラリー）を文庫化したものである。

聴耳草紙　佐々木喜善

昔話発掘の先駆者として「日本のグリム」とも呼ばれる著者の代表作。故郷・遠野の昔話を語り口を生かして綴った一八三篇。（益田勝実／石井正己）

民間信仰　桜井徳太郎

民衆の日常生活に息づく信仰現象や怪異の正体とは？ 柳田門下最後の民俗学者が、日本人の暮らしの奥に潜むものを生き生きと活写。（岩本通弥）

差別語からはいる言語学入門　田中克彦

サベツと呼ばれる現象をきっかけに、ことばというものの本質をするどく追究。誰もが生きやすい社会を構築するための、言語学入門！（礫川全次）

汚穢と禁忌　メアリ・ダグラス　塚本利明訳

穢れや不浄を通し、秩序や無秩序、存在と非存在、生と死などの構造を解明。その文化のもつ体系的宇宙観に丹念に迫る古典的名著。（中沢新一）

宗教以前　高取正男　橋本峰雄

日本人の魂の救済はいかにして実現されうるのか。民俗の古層を訪ね、今日的な宗教のあり方を指し示す、幻の名著。（阿満利麿）

日本的思考の原型　高取正男

何気なく守っている習俗習慣には、近代以前の暮らしに根を持つものも多い。われわれの無意識の感覚から、日本人の心の歴史を読みとく。（阿満利麿）

民俗のこころ　高取正男

「私の茶碗」「私の箸」等、日本人以外には通じない感覚。こうした感覚を手がかりに民衆の歴史を描き直した民俗学の名著を文庫化。（夏目琢史）

日本伝説集　高木敏雄

全国から集められた伝説より二五〇篇を精選。民話のほぼ全ての形式と種類を備えた決定版。日本人の原風景がここにある。（香月洋一郎）

人身御供論　高木敏雄

人身供犠は、史実として日本に存在したのか。民俗学草創期に先駆的業績を残した著者の、表題作他全13篇を収録した比較神話・伝説論集。（山田仁史）

儀礼の過程
ヴィクター・W・ターナー
冨倉光雄訳
社会集団内で宗教儀礼が果たす意味と機能を明らかにし、コムニタスという概念で歴史・社会・文化の諸現象の理解を試みた人類学の名著。（福島真人）

日本の神話
筑紫申真
八百万の神はもとは一つだった⁉ 天皇家統治のために創り上げられた記紀神話を、元の地方神話に解体すると、本当の神の姿が見えてくる。（金沢英之）

河童の日本史
中村禎里
ぬめり、水かき、悪戯にキュウリ。異色の生物学者が、時代ごと地域ごとの民間伝承や古典文献を精査。〈実証分析的〉妖怪学。（小松和彦）

病気と治療の文化人類学
波平恵美子
科学・産業が発達しようと避けられない病気に対し人間は様々な意味づけを行ってきた。「医療人類学」を切り拓いた著者による画期的著作。（浜田明範）

ヴードゥーの神々
ゾラ・ニール・ハーストン
常田景子訳
20世紀前半、黒人女性学者がカリブ海宗教研究の旅に出る。秘儀、愛の女神、ゾンビ——学術調査と口承文学を往還する異色の民族誌。（今福龍太）

子どもの文化人類学
原ひろ子
極北のインディアンたちは子育てを「あそび」とし、血縁や性別に関係なく楽しんだ。親子、子どもの姿をいきいきと豊かに描いた名著。（奥野克巳）

初版 金枝篇（上）
J・G・フレイザー
吉川信訳
人類の多様な宗教的想像力が生み出した多様な事例を収集し、その普遍的説明を試みた社会人類学最大の古典。膨大な註を含む初版の本邦初訳。

初版 金枝篇（下）
J・G・フレイザー
吉川信訳
なぜ祭司は前任者を殺さねばならないのか？ そして、殺す前になぜ〈黄金の枝〉を折り取るのか？ 事例の博捜の末、探索行は謎の核心に迫る。

火の起原の神話
J・G・フレイザー
青江舜二郎訳
人類はいかにして火を手に入れたのか。世界各地より夥しい神話や伝説を渉猟し、文明初期の人類の精神世界を探った名著。（前田耕作）

身ぶりと言葉
アンドレ・ルロワ＝グーラン　荒木亨訳
先史学・社会文化人類学の泰斗の代表作。人の生物学的進化、人類学的発展、大脳の発達、言語の文化的機能を壮大なスケールで描いた大著。（松岡正剛）

世界の根源
アンドレ・ルロワ＝グーラン　蔵持不三也訳
人間の進化に迫った人類学者ルロワ＝グーラン。半生を回顧しつつ、人類学・歴史学・博物館の方向性、言語・記号論・身体技法等を縦横無尽に論じる。

モンテーニュからモンテーニュへ
クロード・レヴィ＝ストロース　真島一郎監訳　昼間賢訳
「革命的な学としての民族誌学」と「モンテーニュへの回帰」。発見された二つの講演録から現れる思考の力線とは――。監訳者の長編論考も収録。

民俗地名語彙事典
松永美吉　日本地名研究所編
柳田国男の薫陶を受けた著者が、博捜と精査により日本の地名に関する基礎情報を集成。土地の記憶を次世代へつなぐための必携の事典。（小田富英）

日本の歴史をよみなおす（全）
網野善彦
中世日本に新しい光をあて、その真実と多彩な横顔を平明に語り、日本社会のイメージを根本から問い直す。超ロングセラーを続編と併せ文庫化。

米・百姓・天皇
網野善彦　石井進
日本とはどんな国なのか、なぜ米が日本史を解く鍵なのか、通史を書く意味は何なのか。これまでの日本史理解に根本的転回を迫る衝撃の書。（伊藤正敏）

列島の歴史を語る
網野善彦　藤沢・網野さんを囲む会編
日本は決して「一つ」ではなかった！　中世史に新次元を開いた著者が、日本の地理的・歴史的な多様性と豊かさを平明に語った講演録。（五味文彦）

列島文化再考
網野善彦／塚本学／坪井洋文／宮田登
近代国家の枠組みに縛られた歴史観をくつがえし、列島に生きた人々の真の姿を描き出す、歴史学・民俗学の幸福なコラボレーション。（新谷尚紀）

日本社会再考
網野善彦
歴史の虚像の数々を根底から覆してきた網野史学。漁業から交易まで多彩な活躍を繰り広げた海民に光をあて、知られざる日本像を鮮烈に甦らせた名著。

ちくま学芸文庫

日《に》本人《ほんじん》

二〇二四年七月十日　第一刷発行
二〇二四年十月十日　第二刷発行

編著者　柳田國男（やなぎた・くにお）
発行者　増田健史
発行所　株式会社　筑摩書房
東京都台東区蔵前二―五―三　〒一一一―八七五五
電話番号　〇三―五六八七―二六〇一（代表）
装幀者　安野光雅
印刷所　株式会社精興社
製本所　株式会社積信堂

ISBN978-4-480-51251-2 C0121